TIMO DAUM arbeitet als Hochschullehrer in den Bereichen Online, Medien und digitale Ökonomie. Er ist studierter Physiker und verfügt über zwei Jahrzehnte Berufserfahrung in der IT-Branche. Er veranstaltet Vorträge und Seminare zur Thematik des Digitalen Kapitalismus. Sein Buch *Das Kapital sind wir. Zur Kritik der digitalen Ökonomie* (2017) wurde mit dem Preis »Das politische Buch 2018« der Friedrich-Ebert-Stiftung ausgezeichnet. 2019 erschien *Die Künstliche Intelligenz des Kapitals*. Timo Daum lebt in Leipzig.

TIMO DAUM
AGILER
KAPITALISMUS
DAS LEBEN ALS
PROJEKT

EDITION NAUTILUS

Edition Nautilus GmbH
Schützenstraße 49 a · D- 22761 Hamburg
www.edition-nautilus.de
Alle Rechte vorbehalten · © Edition Nautilus 2020
Originalveröffentlichung · Erstausgabe Oktober 2020
Illustrationen im Innenteil: Susann Massute
Autorenporträt Seite 2: Fabian Grimm
Umschlaggestaltung: Maja Bechert, Hamburg
www.majabechert.de
Druck und Bindung:
CPI – Clausen & Bosse, Leck
1. Auflage
ISBN 978-3-96054-242-1

Inhalt

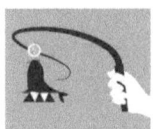
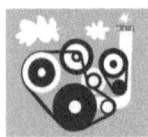

Die schöne neue Welt der Agilität

Die Welt, in der wir leben, ist zunehmend unbeständig, unberechenbar, komplex und vieldeutig geworden, nichts ist mehr sicher, alles im Fluss, Unvorhergesehenes wird zur Norm und Unruhe chronisch. Die VUCA-Welt – nach den englischen Anfangsbuchstaben von *volatility* (Volatilität), *uncertainty* (Unsicherheit), *complexity* (Komplexität), *ambiguity* (Mehrdeutigkeit) – ein düsteres, gar bedrohliches Szenario? Nicht für diejenigen, die auf sie vorbereitet sind, die voller Elan durchs Leben gehen, neue Herausforderungen enthusiastisch begrüßen, bedrohliche Unsicherheiten als *challenge* betrachten, komplexe Situationen *handeln* und mit der Mehrdeutigkeit sozialer Beziehungen *dealen* können. Kein Problem also für die Regsamen und Wendigen, Unruhigen und Vitalen, mit einem Wort: für die Agilen.

Das Wort »agil« kommt aus dem Lateinischen, es ist schon rund zweitausend Jahre alt, hat aber derzeit Hochkonjunktur: Im Managementkontext, bei Start-ups, in der digitalen Arbeitswelt, aber auch in der Lebenshilfe- und Ratgeberliteratur, überall lautet die Antwort auf die Herausforderungen der VUCA-Welt: Agilität. Als Beispiele für ihre Verwendung führt der Duden an: »ein agiler Geschäftsmann« und »Sie ist trotz ihres Alters körperlich und geistig noch sehr agil«. Beide Beispiele sind klug gewählt, decken sie doch die ganze Spannbreite von Agilität ab, von der Businesswelt bis ins hohe Alter lautet die Parole: Sei beweglich und flexibel, bleib nicht stehen, sondern erfinde dich stets neu und investiere in dich selbst! Schon Kinder müssen performant sein und Kompetenz beweisen, und für Senioren gibt es erst recht keine Atempause:

Ruhestand war gestern, heute muss immer etwas unternommen werden.

Die Karriere des kleinen Wörtchens »agil« begann so richtig Anfang des Jahres 2001, als das *Manifest für Agile Softwareentwicklung* das Licht der Welt erblickte.[1] Geschrieben hatten es 17 amerikanische Softwareexperten – allesamt Männer, was angesichts des marginalen Frauenanteils in der Branche auch nicht weiter verwunderlich ist. Die Evangelisten der neuen Managementreligion – leidenschaftliche Programmierer und Projektleute – hatten die Nase gestrichen voll von den üblichen Methoden, die ihnen das Leben schwermachten. Das alte Wasserfallmodell folgte einem strikten Plan, was oft immensen Steuerungsaufwand, ausufernde Dokumentationen und unflexible Abläufe mit sich brachte. Damit wollten sie ein für alle Mal aufräumen, sie wollten Schluss machen mit strikter Arbeitsteilung, klar abgegrenzten Projektphasen und einer Kultur von Befehl und Gehorsam. In vier Leitsätzen und zwölf Prinzipien (siehe Seite 32) hielten sie fest, wie von nun an gearbeitet werden sollte. Sie schrieben: »Wir erschließen bessere Wege, Software zu entwickeln, indem wir es selbst tun und anderen dabei helfen. Durch diese Tätigkeit haben wir diese Werte zu schätzen gelernt: *Individuen und Interaktionen* mehr als Prozesse und Werkzeuge / *Funktionierende Software* mehr als umfassende Dokumentation / *Zusammenarbeit mit dem Kunden* mehr als Vertragsverhandlung / *Reagieren auf Veränderung* mehr als das Befolgen eines Plans.«[2]

Die agilen Prinzipien und Werte stießen bei den Entwicklern und Programmiererinnen auf breiten Zuspruch, versprechen sie doch eine humanere Arbeitskultur, die auf Teamarbeit, Eigenverantwortung und flache Hierarchien setzt. Selbstbestimmte Teams planen ihre Aufgaben und arbeiten sie auch eigenverantwortlich ab, alle Teammitglieder sind am Entwicklungsprozess beteiligt, alle denken und entscheiden mit. Ihnen wird hohe Flexibilität und Selbststeuerung abverlangt, Empowerment und Gruppenautonomie sind Trumpf. Sie sollen kompetent agieren, ständig miteinander kommunizieren und jederzeit für Kundenwünsche und neue Anforderungen offen sein. In kurzen Iterationen von wenigen Wochen werden funktionierende Zwischenergebnisse produziert, die ihrerseits Ausgangspunkt eines neuerlichen Entwicklungszyklus darstellen. So entstehen funktionsfähige Softwareprototypen in einem auf Dauer gestellten kreativen Prozess wie am Fließband – ganz anders als früher: Hier stand oft erst ganz am Ende eines langen Entwicklungsprozesses ein fertiges Produkt.

Zu den kürzeren Projektzyklen gesellen sich neue Rollen – so wird etwa bei Scrum, der gebräuchlichsten agilen Methode, der klassische Projektmanager abgelöst durch den Product Owner, der die Kundenperspektive ins Projekt hineinträgt; der Scrum Master hingegen ist eher Coach als klassischer Vorgesetzter. Sympathisch am *Agilen Manifest* war auch, dass seine Prinzipien keine Erfindung von Akademikerinnen oder Unternehmensberatern waren, seine Autoren waren allesamt Leute aus der Praxis. Ihr Manifest war von Sachverstand und Produzentenstolz geprägt, garniert mit einer gehörigen Portion *common sense*.

Mit flachen Hierarchien und neuen Rollen geht auch eine radikale Transparenz einher: Das Team ist immer auf dem Laufenden, was jeder Projektbeteiligte gerade macht, ist für alle ersichtlich. Methoden der Vermessung und Kontrolle finden sich auch in der neuen Welt der kleinen Teams mit ihrer kleinteiligen Aufgabenerfassung und regen Projektkommunikation; Aktivitätsfeeds generieren einen ständigen Strom an Leistungsdaten. Keine äußere Instanz überwacht dabei die Arbeitsfortschritte, das besorgt das Team selbst: Sein Ziel ist es, die eigene Durchschnittsgeschwindigkeit, die *velocity*, zu steigern.

Seit die agilen Revolutionäre ihr *Agiles Manifest* schrieben, sind bald zwanzig Jahre vergangen, seine Ideen entwickelten sich zum dominierenden Paradigma in der Branche. Im Nachgang entstanden dann die eigentlichen agilen Methoden oder Frameworks, spezifische Ansätze und Umsetzungsanleitungen. Diese finden mittlerweile breite Verwendung quer durch die

Branche, werden an Hochschulen gelehrt und von Agilitätsberatern propagiert. Die Art und Weise, wie Software entwickelt wird, IT-Projekte gemanagt, Arbeitsabläufe organisiert und Teams gesteuert werden, hat sich seitdem von Grund auf geändert.

Alle wollen agil werden

In der Softwarebranche ist die neue Arbeitsorganisation inzwischen Standard. Die Attraktivität agiler Methoden geht aber weit darüber hinaus: Wenn das Ergebnis von Projekten nicht von vorneherein absehbar ist oder wenn Entwicklungsprozesse einen hohen Kreativitätsanteil aufweisen, sind agile Methoden erste Wahl. Überall da, wo Projekte gestemmt, neue Produkte und Dienste entwickelt werden sollen, schnell *delivered* und *released* werden muss, sind agile Methoden zu finden. Wo sie Einzug halten, bringen sie neue Rollen, digitalisierte Workflows und eine gehörige Portion Selbststeuerung mit.

Bei Zalando, der erfolgreichsten Neugründung der Start-up-Schmiede Rocket Internet, werden sie gar zur Managementphilosophie erhoben. Seit 2015 implementierte der Onlinehändler eine neue Unternehmensarchitektur mit dem klangvollen Namen *Radical Agility*, in der Technologie und Unternehmenskultur miteinander verbunden werden sollen. Weil Anwendungen in kleinen Teams entwickelt würden, die sich immer wieder untereinander abstimmen und Entscheidungen selbst treffen könnten, erklärt Eric Bowman, Technologiemanager bei Zalando, sei die Entwicklungsgeschwindigkeit enorm gestiegen, und das Warten auf Managemententscheidungen könne entfallen. »*Radical Agility* fördert maßgeblich die Flexibilität und Kreativität unserer Mitarbeiter und ist damit wichtiger Treiber für Zalandos Innovationskraft, Resilienz und Wachstum.«[3]

Auch die Automobilindustrie setzt große Hoffnungen in die agilen Methoden, steht ihr doch eine doppelte Transformation ins Haus: Zum einen steigt die Bedeutung der IT innerhalb der

Unternehmen, der Softwareanteil an den Fahrzeugen nimmt zu. Zum anderen versucht sie gleichzeitig, dem Vorbild der Digitalkonzerne nachzueifern und selbst zu digitalen Serviceanbietern zu werden. So bei Daimler in Stuttgart: Agile Methoden, flexible Teams und kurze Releasezyklen sollen für hohe Veränderungsgeschwindigkeit sorgen. Der süddeutsche Premiumhersteller drückt seit 2015 gehörig aufs Tempo. Der Name der neuen Strategie: *twice as fast*.

Selbst konservative Großunternehmen wie die Allianz werden »ausgesprochen leger«, berichtet das Wirtschaftsmagazin *brand eins* süffisant, bei dem Versicherungskonzern werden ganze Abteilungen aufgelöst und organisieren sich neu in Form von Projekten. Mitarbeiter können sich für einhundert Tage aus dem Berufsalltag ausklinken und sich in den *Agile Training Centers* des Versicherungskonzerns – abseits der Bürosilos, in denen die »normalen Angestellten« sitzen – auf agil trimmen lassen, in interdisziplinären Teams arbeiten, dazu- und umlernen. Ziel sei das »vollständig digitale Unternehmen«, das »gewachsene Strukturen hinter sich lässt und die Trennlinie zwischen IT-Strategen und IT-Nutzern ausradiert«, formuliert Vorstandsvorsitzender Oliver Bäte.[4] Als mindestens ebenso konservativ wie die Assekuranz gilt die Pharmabranche, doch auch hier machen agile Revolutionäre von sich reden: Um agiler und effizienter zu werden, rief unlängst der Chef des Schweizer Arzneimittelkonzerns Novartis, Vasant Narasimhan, zum konzernweiten »*unbossing*« auf.

Selbst Großunternehmen gründen heute eigene Start-ups oder bringen entsprechende Teams an den Start, die wie solche funktionieren. Eine Inhouse-Start-up-Kultur wird gefördert, organisatorisch wird auf Projekte umgestellt, um immer schneller auf Marktanforderungen reagieren zu können. Beim Elektrokonzern Bosch versuchen seit 2015 hausinterne *Disruption Discovery Teams*, neue Geschäftsideen und Produkte zu entwickeln. Wenn Agilität selbst bei Großunternehmen und in konservativen Branchen Einzug hält, dann ist »nichts Geringeres als das Konzept des fordistisch-bürokratischen Industrieunternehmens, das als Leitkonzept die Entwicklung der Wirtschaft seit mehr als 100 Jahren geprägt hat«, in Frage gestellt. So bringt der Arbeitssoziologe Andreas Boes die Entwicklung zum agilen Unternehmen auf den Punkt.[5] Die Autoren einer wissenschaftlichen Untersuchung zum Agilitätsmanagement kommen gar zu dem Schluss, Agilität sei »das Managementparadigma für Organisationen im 21. Jahrhundert«.[6]

Auch die hierarchische Organisation par excellence, der strikte Befehlsketten, steile Hierarchien und langwierige Prozesse in der DNS liegen, hat sich Agilität auf die Fahnen geschrieben: Die Bundeswehr wird immer mehr zum IT-Dienstleister; informatische Kriegsführung, ferngesteuerte Drohneneinsätze und selbstlernende Systeme gewinnen an Bedeutung. Das Weißbuch des Bundesministeriums der Verteidigung aus dem Jahr 2016 mahnt: »Die Bundeswehr muss als agile Organisation in der Lage sein, flexibel und adaptionsfähig auf neue oder veränderte Anforderungen zu reagieren. Nur so meistert sie die Herausforderungen der kontinuierlichen Modernisierung und steigert auf diese Weise ihre Resilienz und Robustheit.«[7]

Auch vor der Wissenschaft machen agile Methoden nicht halt, gerade in unübersichtlichen Projekten mit ungewissem Ausgang können sie punkten. Wie sich Räume auf Kreativprozesse und Arbeitsproduktivität auswirken, war Untersuchungsgegenstand des interdisziplinären Forschungsprojekts *Experimental Zone*. Das Team experimentierte dabei mit einem neuartigen Forschungsdesign zwischen Soziologie und Gestaltung, das sie als »experimentelle Feldforschung« bezeichnete. Nach zähem Beginn probierten die Wissenschaftlerinnen schließlich Scrum aus, experimentierten mit den vorgefundenen Rollen und adaptierten es schließlich für ihre Situation. Über ihre Erfahrungen mit dem agilen Management ihres Forschungsprojekts schreiben sie, die Methode ermögliche dem Team, »alle Entscheidungen gemeinsam und interdisziplinär zu treffen, ohne auf die Stärken der fachspezifischen Hintergründe in seiner täglichen Arbeit verzichten zu müssen«.[8] Die Gründer der agilen Bewegung wären stolz auf sie gewesen, ist doch die Anpassung vermeintlich in Stein gemeißelter Regeln eine ausgesprochen agile Tugend.

Im Umfeld der Agilität tummeln sich viele weitere, mehr oder weniger ähnliche Managementmethoden. Für jede Situation ist etwas dabei: Seit Mitte der 2000er Jahre gewann Design Thinking an Popularität, eine Kreativitätsmethode, bei der kleine interdisziplinäre Teams auf neue (Geschäfts-)Ideen kommen sollen. Vorbild sind dabei Problemlösungsansätze aus dem Design, die auf sämtliche Lebensbereiche übertragen werden. Eine Variante stellt der Design Sprint dar, hier werden unter Zeitdruck existierende Produkte und Anwendungen weiterentwickelt, Lean Startup hingegen kommt dann zum Einsatz, wenn an einer bereits gereiften Idee gefeilt werden soll, und Business Model Canvas bietet sich an, wenn die Überlebensfähigkeit von Geschäftsideen geprüft werden soll. Auch unfreiwillig komische wie die Holacracy (etwa: ganzheitliche Herrschaft), bei der Hierarchie durch autonome symbiotische Teams abgelöst werden soll, oder die Ambidexterity (Beidhändigkeit), bei der mit Altem und Neuem gleichzeitig erfolgreich jongliert werden soll, stehen bereit.[9] Eine ganze Armada an Coaches, Managementgurus und Unternehmensflüsterern wartet im lukrativen editorischen Bermudadreieck zwischen Coaching, Management und Lebensberatung mit einer Fülle an Angeboten auf, oft nach dem Schema: Firma X oder Person Y machte jahrelang Z, bis sie eines Tages W entdeckte und seitdem schneller, profitabler, glücklicher oder schlanker geworden ist. Solcherlei Literatur ist Legion, und die Grenze zu Scharlatanerie fließend.

Die Gewerkschaften verlegen sich derweil aufs Co-Management: So untersucht etwa das Verbundprojekt *Gute agile Projektarbeit*, »wie agile Teams bei der Selbstorganisation unterstützt« werden können.[10] Ver.di-Vorstand Christoph Schmitz bilanziert auf einer Tagung am 30. Januar 2020: Trotz insgesamt stark gestiegener Arbeitsbelastung in der IT-Branche – zwei Drittel der Beschäftigten seien chronisch überlastet – stünden die agil Arbeitenden geringfügig besser da, weil sie ihre knappen Zeitressourcen wenigstens selbst einteilen könnten.

Von linker Seite wird den neuen Methoden mit Wohlwollen begegnet, sie werden gar in einem Atemzug genannt mit Technologien und Praktiken wie Open Source, offenen Standards und Bürgerpartizipation. So sieht der Aktionsplan für die digitale Stadt Barcelona »die Einführung von nutzerfreundlichen digitalen Diensten mithilfe von agilen Methoden« vor, auf dass die Verwaltung insgesamt »agiler und experimentierfreudiger« werde.[11] Der Agilitätsberater Mishkin Berteig fragt sich gar, ob diese »nicht kompetitiven, kollaborativen« Methoden emanzipatorisches Potenzial in sich tragen und »organisationsübergreifend als ›Ersatz‹ für den Kapitalismus« dienen könnten.[12] Doch die Kapitalseite geht da bestimmt nicht mit, sie hat ein etwas anderes Verständnis von Agilität. Was etwa Audi-Chef Bram Schot damit meint, wenn er seine Firma »agiler machen« möchte, erklärt die *Frankfurter Allgemeine Zeitung* ihren Leserinnen und Lesern Ende 2019 folgendermaßen: Gemeint sei »auf Rendite trimmen« (Schot selbst musste inzwischen nach kurzer Amtszeit seinen Hut nehmen).[13]

Es lebe das Projekt!

Noch bevor das *Agile Manifest* verfasst wurde, hatten gegen Ende des vergangenen Jahrhunderts die Wirtschaftswissenschaftlerin Ève Chiapello und der Soziologe Luc Boltanski den Einzug einer neuen Managementkultur diagnostiziert – und nachfolgend eine Veränderung der damit einhergehenden Werte, Lebensentwürfe und Vorstellungen. Was früher die Fabrik war, so konstatieren sie, sei heute das Projekt. Nur konsequent, wenn Unternehmen heute empfohlen wird, sich gleich selbst als Projekt oder Reihe an Projekten neu zu erfinden. Was etwa in der Filmbranche Tradition hat – Teams treffen temporär zusammen für ein Projekt und gehen danach wieder auseinander –, wird quer durch alle Branchen adaptiert. Dabei werden die Arbeitsgruppen bzw. -teams je nach Priorität und Bedarf neu zusammengesetzt. Das führt dazu, dass jeder an der aktuellen Leistung im Projekt gemessen wird.

Im Zuge der Projektorientierung werden Selbstoptimierung, lebenslanges Lernen, unternehmerische Validierung der eigenen Arbeitskraft und Biografie für jeden Einzelnen zu ständigen Begleitern. Agilität wird in allen Lebenslagen gefordert, Managementmethoden dringen ins Privatleben vor und zwingen uns auch da in Rollen hinein, die dem Projektmanagement entstammen. Das eigene Selbst wird zum Humankapital und muss auch dementsprechend betriebswirtschaftlich optimiert werden. Wir werden so zu Product Ownern unserer eigenen Unternehmung, bringen die Kundenperspektive ins Projekt unseres Lebens hinein und exerzieren Projektmanagement an uns selbst. Zudem sind wir dazu aufgerufen, uns zu vermessen, Diät zu halten, ins Fitnessstudio zu gehen – kein Aspekt des Lebens entgeht der Optimierung. Die viel zitierte Vermessung des Selbst wird Alltagspraxis: Wie viele Schritte bin ich heute gegangen?, fragen wir uns. Wie kommen wir voran mit dem großen Projekt unseres Lebens, läuft alles nach Plan? Wie sieht unsere Kompetenz aus, kommunizieren wir genug?

Die emotionale Seite der Agilität darf auch nicht fehlen, mit der – wen wundert's – ein eher weibliches Publikum angesprochen wird: »Lösen Sie sich, begrüßen Sie Veränderung und prosperieren Sie in Arbeit und Leben!«, ruft die Autorin des Bestsellers *Emotionale Agilität*, Susan David, aus und proklamiert agile Methoden für das Selbstmanagement.[14] Die Resilienz, also die Fähigkeit des Einzelnen, Krisen durch Mobilisierung persönlicher und sozialer Ressourcen zu bewältigen, ist auch schon genannt worden. Für den Soziologen Ulrich Bröckling ist Resilienz, also »die Fähigkeit eines Systems, sich selbst zu organisieren, zu lernen und sich anzupassen«, eine Haupttugend unserer Zeit.[15] Komplettiert wird das Bild noch durch die Achtsamkeit, einem populären Ratgeber zufolge »die höchste Form des Selbstmanagements«.[16]

Vor über einhundert Jahren machten schon einmal Methoden von Tracking und Kontrolle in der Arbeitswelt Furore – damals ging es allerdings noch ums Herumtragen von Roheisen in den Stahlfabriken von Bethlehem Steel, nicht um das Bearbeiten kognitiver Mikro-Aufgaben, sogenannter Tickets, im Kontext von agilen Arbeitsabläufen. Frederick W. Taylor revolutionierte mit seinem *Scientific Management* die industrielle Arbeitswelt.[17] Er hatte es sich zur Lebensaufgabe gemacht, Arbeitsabläufe minutiös zu analysieren, zu rationalisieren und maximal zu beschleunigen – mit der Stoppuhr als berühmt-berüchtigtem Symbol. Diese Zurichtung, Taktung, Vermessung und Beschleunigung war immer auch Mittel zur Beherrschung und Kontrolle der Belegschaften. Auch der Erfinder des wissenschaftlichen Managements von Arbeitsabläufen versprach seinen Auftraggebern damals eine Erhöhung der Geschwindigkeit – *twice as fast* war damals schon Thema.

Der mit Stoppuhr und Klemmbrett bewaffnete, überwachende und kleinteilig managende Vorgesetzte ist in agilen Arbeitswelten verschwunden – und niemand weint ihm eine Träne nach. Aber wohin ist er verschwunden, ist er vielleicht nur unsichtbar geworden bzw. ins Innere verlagert? Exerzieren die Teams etwa das wissenschaftliche Management nun quasi an sich selbst? In der schönen neuen Welt der selbststeuernden Teams, in denen Information ungehindert zirkulieren kann, die keinen Chef mehr benötigen, erlebt gleichzeitig die Kybernetik eine Renaissance. Deren Ideal von selbststeuernden Systemen findet Widerhall in der agilen Welt, die nicht nur metaphorisch Starrheit, Gehorsam, Kommiss überwindet, und in der das Management nur noch höchst indirekt, von weitem, zuschaut.

Hierarchie ist zunehmend out, und das hat auch etwas mit dem Gegenstand zu tun: Geht es um die Produktion von Programmcode, *user experiences* und digitalen Anwendungen, also um das kontinuierliche Ausliefern eines breiten Stroms an intellektuellen Arbeitsergebnissen, verliert sie ihren Sinn. Die Überwachung der Herstellung exakter Kopien des Immergleichen tritt in den Hintergrund zugunsten der (Selbst-)Organisation kollektiver Kreativprozesse. Mit den agilen Methoden bekommt das Management ein Werkzeug an die Hand, das für die Ausbeutung kognitiver Arbeit wie geschaffen ist. Agilität reiht sich so in die lange Geschichte der Beherrschung und Akzeleration der Arbeit durch das Kapital ein, auch die Parole des Managements hat sich kaum geändert und lässt sich auf die zeitlose Formel bringen: *velocity & control*.

Aldous Huxley entwarf in seinem Roman *Brave New World* aus dem Jahr 1932 eine Welt allseitig zufriedener Konsumenten, die von den *World Controllers* mithilfe von Gentechnik, Gehirnwäsche, Sex und Drogen ruhiggestellt werden – ein Klassiker dystopischer Weltentwürfe. Es scheint kaum vorstellbar, sich auf diese »Neue Welt« positiv beziehen zu können – der Agilitätsberater Aaron Dignan jedoch schafft es. In seinem *Brave New Work* betitelten Buch – und das ist nicht ironisch gemeint – glorifiziert er die schöne neue Arbeitswelt, mit ihrem kontinuierlichen Wandel, mit ihrer »selbstverwalteten technologischen Evolution« und ihrem »Training von Belastbarkeit und Anpassungsfähigkeit«. In Dignans mutiger neuer Welt ist kein Platz mehr für klassische Budgets, sie ist partizipatorisch gestaltet, Arbeitsteams funktionieren ganz ohne Manager, und Angestellte bestimmen ihre Aufgaben selbst und legen sogar ihre eigenen Gehälter fest.[18]

Würden diese Prinzipien umgesetzt, stelle sich – ganz ohne Soma, die seligmachende Droge aus Huxleys Vorlage – Glück und Erfüllung des Einzelnen in der »neuen Arbeit« ein. »Wir müssen einfach nur das Betriebssystem tauschen«, dann sind bald auch »Philanthropie und Business […] nicht mehr orthogonal«. Wer angesichts solcher nach New Age klingenden Heilsversprechen vermutet, dass auch Grundeinkommen und Blockchain zu Dignans Welt gehören, hat richtig geraten: Ein »universelles Grundeinkommen« soll ermöglichen, »unsere Grundbedürfnisse zu befriedigen und uns gleichzeitig ermutigen, unsere Gaben zu nutzen und zu teilen – durch Unternehmertum, Dienst und Gemeinschaft.«[19]

So sieht es also aus, das Szenario eines agilen Kapitalismus, in dem Kapital und Arbeit, Entrepreneurship und Charity miteinander versöhnt sind und Profite mit der schönen neuen Welt der agilen Projekte koexistieren. So sieht sie aus, die Zukunftsvision eines agilen Kapitalismus, in dem die Individuen zu agilen Entrepreneuren ihrer eigenen kognitiven Fähigkeiten werden, die sie behutsam zu pflegen und agil auf den Markt zu tragen haben.

Zum Inhalt

Im ersten Kapitel »Die agile Revolution« geht es zunächst um die Neuerfindung des Projektmanagements vor bald zwanzig Jahren, als die agilen Revolutionäre das alte Wasserfallmodell hinter sich ließen und ihre agilen Methoden einen Siegeszug um die Welt antraten. Selbst zu Coronazeiten halten sie passende Antworten parat, um auch unter Lockdown-Bedingungen agile Softwareproduktion durch resiliente Coder-Subjekte gewährleisten zu können.

Im zweiten Kapitel »Die große Code-Industrie« geht es um die Millionen Programmiererinnen und Programmierer und ihren Arbeitsalltag, die Produktion maschinenverständlicher Programmcodes. Sie sind längst Teil einer Maschinerie geworden, die den Digitalen Kapitalismus am Laufen hält.

Das dritte Kapitel »Das Kapital dressiert, der Arbeiter pariert« unternimmt einen Ausflug in die Geschichte des Managements, der Königsdisziplin des Kapitals, wenn es um *velocity & control* geht. Seit Adam Smiths Lob der Arbeitsteilung und Frederick Taylors Wissenschaft von der Ausbeutung hat sich viel verändert, die grundlegenden Ziele sind jedoch die gleichen geblieben.

Im vierten Kapitel »Vom Fließband zur Agilität« geht es um gleich drei Revolutionen in der Automobilindustrie. Nach der ersten, die mit der Einführung des Fließbands begann, und der zweiten, die mit dem Lean Production Paradigma datiert ist, steht derzeit eine dritte an. Agilität hält Einzug in einer Industrie, die sich mit ihrer Hilfe zum Softwaredienstleister transformieren möchte.

In Kapitel fünf »Wir sind ja nicht zum Spaß hier« geht es um die Erfindung des Projekts, eine Frischzellenkur, die sich das Kapital, verschiedene Kritiken einverleibend, verpasst hat, und die dazu führt, dass Spielelemente in der Arbeitswelt Einzug halten, während gleichzeitig die Freizeit immer mehr der Arbeit ähnelt – vornehmlich der Arbeit des Subjekts an sich selbst.

»Wo ist bloß der Chef geblieben?« ist die zentrale Fragestellung im sechsten Kapitel, wird doch innere Führung und kybernetische Steuerung in der agilen Organisation hochgehalten, die von dieser alten Rolle, die aus der Mottenkiste des bürokratischen Betriebskapitalismus stammt, nichts mehr wissen will. Ganz verschwunden ist die Rolle des Chefs jedoch nicht, das sei an dieser Stelle verraten.

Das siebte Kapitel »*Free solo*« widmet sich dem historischen Subjektivitätstreck zur Freiheit in der Unfreiheit, der in der Sklaverei seinen Anfang nahm, historisch beim doppelt freien Lohnarbeiter kurz Halt machte, um heute wieder Fahrt aufzunehmen in Richtung noch freierer Arbeitskraftunternehmerinnen und Solo-Selbstständige.

Das Schlusskapitel »Das Kapital macht agil, bei Arbeit, Sport und Spiel« zieht das Fazit: Was bei den agilen Methoden seinen Anfang nahm, die Herausbildung einer Arbeits- und Projektorganisation, getragen von resilienten Selbstoptimierern, geschmiert durch kybernetische Gruppensteuerung, führt zu einem agilen Kapitalismus, der selbst einen Atomkrieg oder eine Pandemie zu überleben imstande ist.

Die agile Revolution.
Vom Wasserfallmodell zum *distributed* Scrum

Am 2. April 1917 forderte Woodrow Wilson, damals Präsident der Vereinigten Staaten von Amerika, den Kongress auf, der deutschen Reichsregierung den Krieg zu erklären; vier Tage später traten die USA in den Ersten Weltkrieg ein. Die Achsenmächte ließen sich durch diese Nachricht zunächst nicht aus der Ruhe bringen – lagen die USA doch geografisch weit entfernt vom europäischen Kriegsschauplatz, auch ihre militärische Stärke schätzte der Generalstab gering ein. Die erste große Herausforderung für die US-Armee war denn auch eine logistische: Es galt, innerhalb kurzer Zeit Millionen Soldaten und Seeleute zu mobilisieren und mitsamt ihrer Ausrüstung auf eine lange Reise zu schicken; auf dem beschwerlichen Weg von Newport News in Virginia bis nach Frankreich mussten knapp 7.000 Kilometer mit Bahn und Schiff zurückgelegt werden. Mit der gigantischen Aufgabe, für die es keinerlei Blaupausen gab – Erfahrungen aus dem über ein halbes Jahrhundert zurückliegenden Amerikanischen Bürgerkrieg waren angesichts der seither veränderten Kriegstechnik unbrauchbar –, wurde das United States Army Ordinance Corps betraut, die Versorgungsabteilung der US-Armee unter General William Crozier.

Der oberste Nachschuboffizier der USA beauftragte einen jungen Maschinenbauingenieur namens Henry Gantt, auf den er bei Inspektionen von Rüstungsbetrieben aufmerksam geworden war, mit der Planung des gigantischen Projekts. Gantt hatte in diesen Unternehmen erfolgreich eine neue Organisationsmethode implementiert, die für umfangreiche Bereitstellungsprojekte wie geschaffen war. Sie beruhte wesentlich auf einem Diagramm zur Visualisierung von Projektabläufen, das er wenige Jahre zuvor erfunden hatte. Diese zweidimensionalen Ablaufschemata für unterschiedliche Teilprozesse erwiesen sich als ungemein effektiv, etwa um Abhängigkeiten von Projektphasen voneinander abbilden zu können, z. B. wenn eine Aktivität erst begonnen werden kann, sobald eine andere beendet ist.

Bereits drei Monate nach Kriegseintritt betraten die ersten amerikanischen Truppen französischen Boden. Im weiteren Verlauf des Krieges organisierte Crozier den Transport von über einer Million Soldaten, die Pioniere der US-Armee bauten im Laufe des Krieges 82 neue Schiffsanlegestellen und verlegten über 100.000 Kilometer Telefon- und Telegrafenkabel auf dem alten Kontinent.[1] Der Kriegseintritt der USA war schließlich doch kriegsentscheidend geworden – nicht zuletzt aufgrund der beeindruckenden logistischen Leistungen der Nachschubabteilung der US-Armee und der erfolgreichen Planungsmethoden Gantts. Nach der Kapitulation der Achsenmächte eroberten Henry Gantts Diagramme auch die zivile Welt. Eines der berühmtesten Projekte, das mit Gantts Diagrammen realisiert wurde, war der 221 Meter hohe Hoover-Staudamm, der nach nur vier Jahren Bauzeit 1935 eingeweiht werden konnte.[2] Die charakteristischen Ablaufpläne Gantts finden bis heute Verwendung und wurden immer wieder aktualisiert und verfeinert. Die Vordenker der Wirtschaftsinformatik Kenneth und Jane Laudon definieren ein Projekt als »geplante Abfolge miteinander verbundener Aktivitäten zur Erreichung eines bestimmten Unternehmensziels«. Im klassischen Projektmanagement werden Projekte als lineare Abfolge von Projektschritten abgearbeitet, die allesamt auf detaillierten Vorgaben beruhen – das zugrunde liegende Modell heißt Wasserfall, und Gantts Diagramme sind seine allgemein verbreitete Visualisierung. Diese Vorgehensweise erfordert allerdings detaillierte Planung, was oft zu einem hohen Aufwand bei der Festlegung der Erforder-

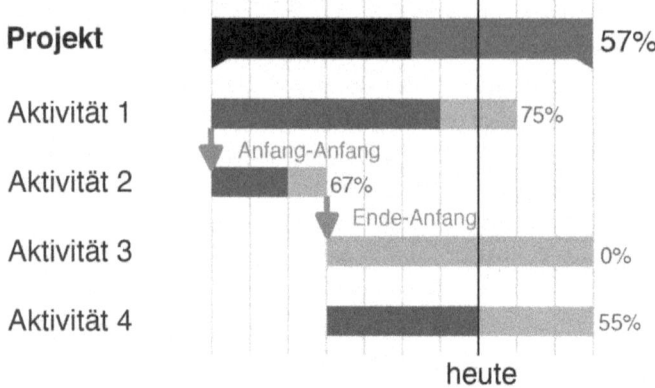

Projekt 57%

Aktivität 1 75%

Anfang-Anfang

Aktivität 2 67%

Ende-Anfang

Aktivität 3 0%

Aktivität 4 55%

heute

Gantt-Chart im klassischen Projektmanagement

nisse führt. Es setzt weiterhin klar getrennte Aufgabenbereiche voraus; Zuständigkeiten, Rollen und Projektphasen sind im Vorhinein klar definiert. Das hohe Maß an Arbeitsteilung produziert eine Vielzahl kritischer Abhängigkeiten und erhöht den Steuerungsaufwand zusätzlich. Zur Steuerung des Projektablaufs ist daher intensives kleinteiliges Management nötig, was wiederum mit streng hierarchischen Organisationsstrukturen am besten funktioniert – die Entstehungsgeschichte im militärischen Kontext lässt grüßen.

Nicht nur das moderne Projektmanagement, auch die Entwicklung von Computern und der für diese geschriebenen Software haben starke Wurzeln im militärischen Bereich – die ersten Computeranwendungen, allen voran das Internet, fanden in diesem Kontext statt, oft auch finanziell gefördert durch das Militär. In der Sowjetunion war die Computerindustrie insgesamt Geheimsache und militärischen Erfordernissen untergeordnet, mit ein Grund für die letztlich immer mehr ins Hintertreffen geratende IT-Industrie jenseits des Eisernen Vorhangs.

Mit »einem für die Nutzung von Computern entscheidenden Problem, der sogenannten Software, die zu ihrer Steuerung entwickelt wurde«, befasste sich im November 1968 eine von der NATO finanzierte Tagung; neben der Hardware gelangte Ende der 1960er zunehmend auch diese in den Fokus militärischer Planung. Zu der Tagung kamen Expertinnen aus nahezu allen NATO-Ländern nach Garmisch-Partenkirchen, um darüber zu debattieren, wie Softwareprojekte vernünftig zu managen seien – seit Gantts Erfolgen beim militärischen Logistikmanagement waren gut 50 Jahre vergangen. Den Vorsitz führte Friedrich Bauer, Mathematikprofessor an der TU München. Der Abschlussbericht legt beredtes Zeugnis ab über den Stand der jungen Disziplin Softwareentwicklung und wartet mit einer Checklist für gutes IT-Projektmanagement auf.[3]

Gleich zu Beginn heißt es darin: »Das neue System wird seinem Vorgänger und Lösungen der Konkurrenz deutlich überlegen sein.« Daraufhin wird betont, alle Spezifikationen und Anforderungen müssten im Vorhinein absolut verbindlich festgelegt und in einem detaillierten Anforderungskatalog niedergelegt sein. »Der neue Computer ist eine großartige Maschine; die Programmierer werden ihn lieben, sobald sie ihre Handbücher bekommen«, wird erklärt, gefolgt von der Versicherung: »Die Integration des neuen Systems in bestehende Software ist trivial, darum kann man sich später immer noch kümmern.« Im Anschluss geht es auch noch um Geld: »Der Projektmanager hat möglicherweise das Budget für sein letztes Projekt überzogen, aber er hat seine Lektion gelernt und wird es diesmal nicht tun.« Quantitative Überlegungen schließen das Dokument ab: »Addieren Sie für jeden Budgetposten zehn Prozent zu den geschätzten Kosten und einen Monat zur geschätzten Zeit.«

Nachdem zunächst grenzenlose Zuversicht verbreitet wird, offenbart sich im zweiten Punkt die Achillesferse des klassischen Projektmanagements: In der realen Welt ist die absolut verbindliche Spezifikation eben nichts weiter als Wunschdenken – es ist schlicht unmöglich, im Voraus alle Eventualitäten abzusehen, planerisch zu erfassen und in einer fixen Spezifikation niederzulegen. Auch das quasireligiöse Einschwören auf die Segnungen der Technologie, bei der die Leserschaft so richtig »mitgenommen« wird, kann den groben Leichtsinn nicht verdecken: Wer sich nur ein wenig mit der Entwicklung von

Software befasst hat, weiß, wie schwierig und unwägbar die Integration von Neuentwicklungen in bestehende Systeme sein kann. Auch der Umgang mit Zeit- und Budgetplanung kommt eher hemdsärmelig daher. Dieser frühe Versuch, das klassische Projektmanagement auf die Produktion von Software zu übertragen, kann daher gut und gerne als naiv und blauäugig bezeichnet werden.

Deutlich besser machte es dann einige Jahre später der Informatiker Winston Royce. In einem Artikel für das Magazin von IEEE, dem amerikanischen Verband der Elektroingenieure, schlug er eine Adaption des Wasserfallmodells für Softwareentwicklungsprojekte vor, in dem erstmals alle wichtigen Stufen sequentieller Entwicklung von Softwareprojekten benannt waren, die bis heute Standard sind – von Anforderungen bis Wartung.[4] In der Folgezeit etablierte sich das Wasserfallmodell auch in der Softwareentwicklung. »Bis die verbesserten Ansätze, die auf agilen Techniken basierten, sie um 2008 übertrafen, war die Wasserfallmethode der gebräuchlichste Projektmanagementansatz in der Softwareentwicklung«, schreibt Mark C. Layton, der Autor eines Standardwerks zur Einführung in Agilität.[5] »Eins nach dem anderen« lautete das Credo des alten Wasserfallmodells. Oft waren daher unflexible Projekte, ein erheblicher Steuerungsaufwand und ausufernde Dokumentationen die Folge. Ein weiterer Nachteil wasserfallartig gemanagter Projekte ist das Fehlen von Zwischenetappen: Das Ergebnis von Projektschritten bzw. der Erfolg eines Projekts ist erst ganz zum Schluss erkennbar, bei Misserfolg ist es für Gegenmaßnahmen oft zu spät. Etwaige Änderungen der Projektziele sind nach dem Projektstart nicht vorgesehen, im Extremfall muss das Ende abgewartet werden, bevor Korrekturen implementiert werden können, die wiederum die gesamte Kaskade durchlaufen müssen. Einer, der dem Wasserfallmodell zusammen mit anderen bald den Garaus machen würde, Jeff Sutherland, benennt die Probleme seiner Übertragung auf Softwareprojekte: »Der Prozess war langsam, unvorhersehbar und führte oft zu einem Produkt, das die Leute gar nicht haben oder kaufen wollten.«[6]

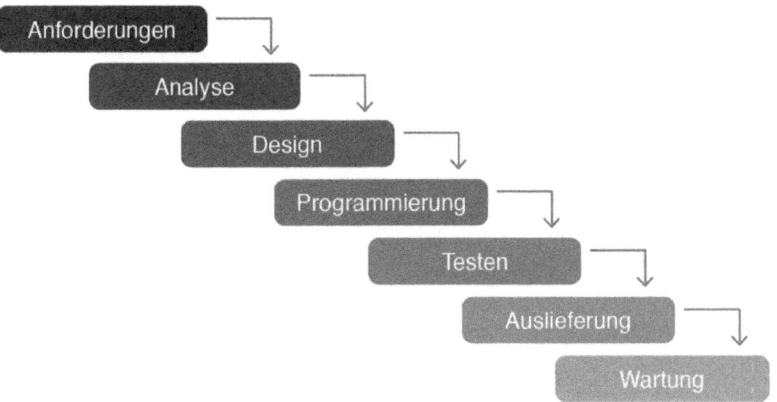

Das Wasserfallmodell in der Softwareentwicklung

Insbesondere in der Softwarebranche sind gescheiterte oder aus dem Ruder gelaufene Projekte an der Tagesordnung, eine Umfrage aus dem Jahr 2016 unter IT-Firmen ergab, dass mehr als die Hälfte der IT-Projekte fehlschlägt. Gesprengte Budgets, gerissene Deadlines oder gar das komplette Verfehlen der Projektziele werden am häufigsten als Ursachen genannt. Im öffentlichen Sektor sieht die Bilanz noch schlechter aus: Zwischen 2003 und 2013 waren sage und schreibe 94 Prozent aller großen öffentlichen IT-Entwicklungsprojekte vollständig oder teilweise erfolglos – mehr als die Hälfte war verspätet, lag über dem Budget oder erfüllte nicht die Erwartungen der Benutzer. Den vielleicht kostspieligsten Fehlschlag in der Geschichte der Branche stellt wohl der Versuch dar, den britischen Gesundheitsdienst NHS zu digitalisieren: Nach zehn Jahren Projektlaufzeit wurde er 2013 abgebrochen, und fast 10 Milliarden Britische Pfund waren verschwendet worden.[7]

Das *Agile Manifest*

Im Februar des Jahres 2001 traf eine Gruppe von Leuten aus der Softwarebranche zusammen, um nichts weniger als eine Revolution einzuleiten. Auf einer Skihütte in einem Wintersportgebiet im US-Bundesstaat Utah entstand ihr *Manifest für Agile Softwareentwicklung*, das Gründungsdokument der agilen Bewegung. In zwölf Geboten hielten die Jünger der neuen Projektentwicklungsreligion fest, wie ihrer Ansicht nach in Zukunft gearbeitet werden sollte:

1. Unsere höchste Priorität ist es, den Kunden durch frühe und kontinuierliche Auslieferung verwertbarer Software zufriedenzustellen.
2. Begrüße sich ändernde Anforderungen, selbst spät in der Entwicklung. Agile Prozesse nutzen Veränderungen zum Wettbewerbsvorteil des Kunden!
3. Liefere funktionierende Software regelmäßig innerhalb weniger Wochen oder Monate und bevorzuge dabei die kürzere Zeitspanne!
4. Fachleute fürs Geschäftliche und Entwickler müssen während des Projektes täglich zusammenarbeiten.
5. Errichte Projekte rund um motivierte Individuen! Gib ihnen das Umfeld und die Unterstützung, die sie benötigen, und vertraue darauf, dass sie ihre Aufgabe erledigen!
6. Die effizienteste und effektivste Methode, Informationen an und innerhalb eines Entwicklungsteams zu übermitteln, ist im Gespräch von Angesicht zu Angesicht.
7. Funktionierende Software ist das wichtigste Fortschrittsmaß.
8. Agile Prozesse fördern nachhaltige Entwicklung. Die Auftraggeber, Entwicklerinnen und Benutzer sollten auf unbegrenzte Zeit ein gleichmäßiges Tempo halten können.
9. Ständiges Augenmerk auf technische Exzellenz und gutes Design fördert Agilität.
10. Einfachheit – die Kunst, die Menge nicht getaner Arbeit zu maximieren – ist essenziell.
11. Die besten Architekturen, Anforderungen und Entwürfe entstehen durch selbstorganisierte Teams.

12. In regelmäßigen Abständen reflektiert das Team, wie es effektiver werden kann, und passt sein Verhalten entsprechend an.[8]

Zu den Unterzeichnern des Manifests gehört der schon erwähnte Sutherland, der zusammen mit Ken Schwaber die ersten Versionen von Scrum entwickelte, eine der erfolgreichsten Methoden, die als Folge der agilen Revolution weltweit populär wurden. Mit von der Partie waren auch Kent Beck und Howard Cunningham, Erfinder des Extreme Programming, einer Programmiermethode, die auf direkter Zusammenarbeit zu zweit oder zu mehreren basiert. Letzterer gilt seinerseits als Erfinder von Wikis, webbasierten Informationssammlungen, die von den Nutzern selbst bearbeitet werden können, das Konzept ist durch Wikipedia allgemein bekannt. Des Weiteren Dave Thomas und Andy Hunt, Autoren des einflussreichen Pragmatic Programming, das sich wiederum gegen zu starre Anwendung von Methoden und Prozessen aussprach. Die agilen Revolutionäre waren alle schon etwas ältere, zwischen 1940 und Mitte der 1960er geborene Babyboomer, fast ausschließlich US-Amerikaner und allesamt Programmierer, Softwareentwickler, Buchautoren und anerkannte Experten auf ihrem Gebiet.[9] Phoebe Moore, Professorin für Politische Ökonomie und Technologie an der Uni in Leicester, bezeichnet Agilität daher als »Grassroots-Bewegung«. Das Manifest war tatsächlich ein Produkt von Softwarearbeitern, die sich auskannten, und eine von der codenden Arbeiterbewegung betriebene Umwälzung von unten.

Für ein revolutionäres Manifest verblüffend: Eine Entthronung des Königs findet nicht statt, im Gegenteil. Gleich zu Anfang wird geradezu ein Kotau vor König Kunde gemacht: Er soll von Anfang an eingebunden werden, Änderungswünsche während der Laufzeit des Projekts sind nicht nur erlaubt, sondern willkommen. Er wird nicht erst bei Projektende mit dem fertigen Ergebnis konfrontiert, sondern ständig mit funktionierenden Zwischenlösungen versorgt (*continuous deployment*).

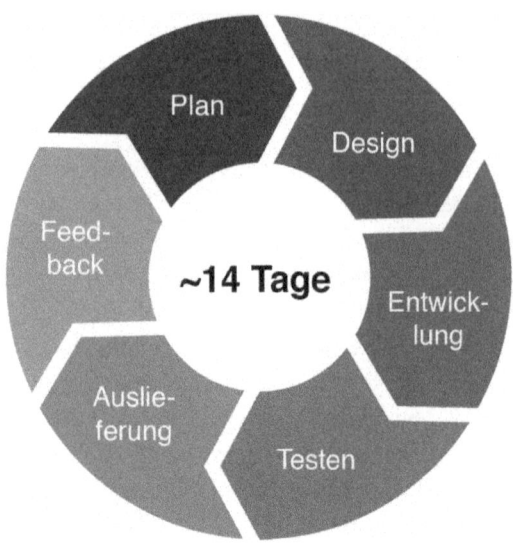

Der agile Arbeitszyklus

Dies stellt einen deutlichen Bruch mit traditionellen Methoden dar, in deren Projektverlauf der Kunde nur am Anfang und am Ende überhaupt eine Rolle spielte. Üblicherweise alle zwei bis drei Wochen gilt es nun, ein lauffähiges Zwischenprodukt mit klar erkennbaren Entwicklungsschritten (*increment*) fertigzustellen und durch den Kunden evaluieren zu lassen. Die Forderung nach regelmäßiger Auslieferung von funktionsfähigen Prototypen durch schrittweise nachprüfbare Produktverbesserungen stellt einen weiteren radikalen Bruch dar mit dem klassischen Credo, das Projekt sei eben erst zum Schluss fertig.

Das *Agile Manifest* proklamiert enge Zusammenarbeit zwischen unterschiedlichen Disziplinen, besonders Techniker und Businessleute sollen miteinander reden. Dem Team kommt zentrale Bedeutung zu, sein Alltag soll durch persönliche Kommunikation und tägliches physisches Zusammentreffen geprägt sein. Es erhält große Freiheiten, seine Arbeit selbst zu organisieren, aufzuteilen und abzuarbeiten, das Management muss seinerseits dafür Sorge tragen, dass die Arbeitsbedingungen für die optimale Performance des Teams gewährleistet sind. Feedback zur Teamoptimierung ist wichtig, die langfristige Produktivität des Teams muss gewährleistet werden. Dazu gehören neue Rollendefinitionen bis hin zu passender Architektur: eher Werkstattcharakter, offene Räume und flexible Arbeitsplätze als geschlossene Einzelbüros. So etwas gab es bis dato nicht.

Die agilen Werte und Prinzipien waren von den Autoren als allgemeine Grundsätze gedacht, allerdings entwickelten sich im Zuge der Verbreitung des Manifests zahlreiche detaillierter ausgearbeitete Methodenlehren, die als agile Methoden oder agile Frameworks im engeren Sinne bezeichnet werden. Zu den beliebtesten gehören Scrum, Kanban, Crystal, Dynamic Systems Development und Feature Driven Development. Scrum ist dabei sicherlich das populärste, nicht zuletzt, weil seine Erfinder agile Revolutionäre der ersten Stunde waren. Jeff Sutherland zufolge basiert Scrum auf einem einfachen Prinzip: »Wenn Sie ein Projekt starten, sollten Sie regelmäßig prüfen, ob das, was Sie tun, in die richtige Richtung geht, und ob es tatsächlich das ist, was die Leute wollen. Und fragen Sie sich, ob es Möglichkeiten gibt, wie Sie das verbessern können, was Sie tun, und wie Sie es besser und schneller tun können und was Sie möglicherweise davon abhält, dies zu tun.«

Zur Herkunft des Namens Scrum schreibt Sutherland: »Der Begriff stammt aus dem Rugby und bezieht sich auf die Art und Weise, wie eine Mannschaft zusammenarbeitet, um den Ball über das Spielfeld zu bewegen.«[10] Auf Französisch heißt die Figur beim Rugby *mêlée*, was auch Handgemenge oder Tumult bedeutet, die Wahl des wilden raufenden Haufens als Bild stellt durchaus an sich schon einen sportlich-spielerischen Affront gegen klassische hierarchische Projektorganisation dar. Der physische Aspekt bei Scrum ist dabei durchaus ernst gemeint, die körperliche Co-Präsenz aller Teamplayer in einem Raum wird hochgehalten, die agile Softwareentwicklung sei durchaus als »kollektiver, körperlicher und öffentlicher Prozess«[11] gedacht, betont der Soziologe Robert Schmidt. Die Ursprünge von Scrum liegen Sutherland zufolge zum einen im Toyota Produktions-

Scrum beim Rugby[12]

system, das bei uns als Lean Management bekannt ist, und zum anderen in einer Handlungsanweisung in der militärischen Luftfahrt, dem OODA-Zirkel: *observe* (beobachte), *orient* (orientiere dich), *decide* (triff eine Entscheidung), *act* (handele)! Der OODA-Zirkel bezeichnet eine antrainierte Verhaltensweise, die in Extremsituationen instinktiv abgerufen werden kann und immer aufs Neue durchlaufen wird.

Sutherland absolvierte die Militärakademie in West Point und diente als Bomberpilot im Vietnamkrieg, bevor er ins Softwarefach wechselte. Erste Erfolge in Menschenführung gelangen ihm bereits während seiner Akademiezeit, dort war es ihm nach eigener Aussage geglückt, aus dem schlechtesten Exerzierzug den besten zu machen; seine Methode schon damals: Team-Empowerment durch selbstgesteckte Ziele und sanfte Führung. Auch seine Erfahrungen als Pilot beschreibt Sutherland als prägend für seine zukünftige Laufbahn als agiler Evangelist. Erfolge beim Schleifen einer Exerziertruppe und das Überleben von Kampfeinsätzen im Krieg scheinen dafür zu qualifizieren, zum Guru einer neuen kollaborativen und kommunikativen Arbeitskultur zu werden. Durchaus beängstigend, wie schnell doch beim Management und im Büroalltag Militärisches durchkommt – um mit Stromberg zu sprechen: »Büro ist Krieg.«

Der agile Produktionsalltag

Bei der Anwendung von Scrum sind nicht viele Vorarbeiten nötig, um ein Projekt zu starten – es kann ganz schnell losgehen. Zu Beginn werden – in Zusammenarbeit mit dem Kunden – nur die grobe Richtung und die zentralen Features des Projekts erarbeitet. Letztere werden in kleine Häppchen aufgeteilt, sogenannte *user stories,* also die Beschreibung von Softwarefunktionen oder Anforderungen aus Sicht des Endnutzers (*use cases*). Diese werden in einer nach Prioritäten geordneten Liste untergebracht, einer Art Gesamtkatalog aller umzusetzenden Features, dem Product Backlog. Am Beginn einer jeden Iteration (Sprint) steht jeweils ein Planungstreffen (*sprint planning*), zu dem das gesamte Team zusammenkommt. Als Sprint wird ein festgelegter Zeitraum bezeichnet, in dem bestimmte Arbeiten abgeschlossen und zur Überprüfung vorbereitet werden müssen – bei Scrum dauert ein Sprint zum Beispiel üblicherweise zwei bis drei Wochen.

Das Team – im agilen Kontext eine kleine Gruppe von Personen, die dem gleichen Projekt zugeordnet sind – schätzt den Umfang und Zeitbedarf der Aufgaben in Form von *story points* ab. *Story points* stellen keine Zeitschätzung im strengen Sinne, sondern eine relative Einheit zur Aufwandsabschätzung dar (*estimate*), mit deren Hilfe die Schwierigkeit der Implementierung und der Zeitbedarf einer bestimmten Story eingeschätzt werden kann. Für die Behebung eines kleinen Bugs z.B. kann ein *story point* vergeben werden, für die Programmierung einer Suchfunktion derer zehn – das bedeutet zunächst nur, dass das Team schätzt, dass die Beseitigung des Bugs ein Zehntel der Zeit benötigt, die der Bau der Suchfunktion erfordern wird. Fehler bei der Schätzung einer konkreten Aufgabe stellen kein Problem dar, vorausgesetzt, das Team liegt auf lange Sicht im Durchschnitt mit seinen Einschätzungen richtig.

Beim *sprint planning meeting,* bei dem oft Klebezettel (*post-its*) zum Einsatz kommen, die bestimmte Aufgaben repräsentieren, wählt das Team diejenigen Elemente aus dem Product

Backlog aus, die im bevorstehenden Sprint anstehen. Diese bilden dann den Sprint Backlog, der idealerweise am Ende des Sprints leer geworden sein soll. Während des laufenden Sprints soll sich das Team, das meist aus fünf bis zehn Personen besteht, zum Daily Standup Meeting treffen, bei dem alle Teammitglieder einander über ihren jeweiligen Arbeitsfortschritt, aufgetretene Probleme und Hindernisse informieren. Eine populäre Einführung in Scrum beschreibt das Daily Standup Meeting als »Möglichkeit zusammenzuarbeiten, um sicherzustellen, dass jeder zu einem bestimmten Zeitpunkt das effektivste tut, was möglich ist«.[13]

Am Ende eines Sprints können alle *story points*, die während dieser Iteration abgeschlossen wurden, gezählt werden. Aus der Anzahl erledigter *story points* pro Zeiteinheit kann jederzeit der Leistungsdurchschnitt des gesamten Teams errechnet werden, die sogenannte *velocity*. Langfristiges Ziel ist es, dass diese *velocity* konstant bleibt, was die Leistungsfähigkeit des Teams für die Zukunft berechenbar macht. Gleichzeitig muss gewährleistet sein, dass das Team diesen Schnitt auch dauerhaft durchhalten kann, dann ist eine »nachhaltige Geschwindigkeit« (*sustainable pace*) erreicht. Ein weiteres Meeting steht am Ende eines Sprints an, das *sprint review*: Hier kann die Kundenseite bzw. der Auftraggeber das Ergebnis begutachten, hier wird zudem festgelegt, was als erledigt gilt und was nicht. Nicht zu verwechseln mit einem weiteren Meeting, dem *retro*, einem Feedback- und Optimierungsformat für das Team selbst. Bei der Retrospektive auf den zurückliegenden Sprint können die »Teammitglieder ihre Kooperationserfahrungen während der vergangenen Etappe reflektieren und Optimierungsvorschläge für die Arbeitsweise diskutieren«[14].

Den klassischen Projektmanager, dessen Aufgabe es gewesen war, dem Team konkrete Arbeitsanweisungen zu erteilen und deren Umsetzung zu überwachen, gibt es nicht mehr. In seine Fußstapfen tritt bei Scrum der Product Owner, er bringt die Kundenperspektive ins Projekt hinein und ist im agilen Team für die Definition der Anforderungen und die Prioritätensetzung zuständig. Er schreibt die *user stories* und erstellt sie im Backlog, dies kann in Zusammenarbeit mit anderen Teammitgliedern geschehen. Er weiß, welche Backlog-Elemente zu priorisieren sind, und trägt dafür Sorge, dass die Ergebnisse des Produktionsprozesses konzeptionell und technisch stimmig sind. Der Autor eines populären Agilitätsleitfadens, Andrew Stellman, beschreibt die neu eingeführte Rolle so: »Anstatt einen Plan zu diktieren, ihn dem Team zu übergeben und zu messen, wie gut das Team ihm folgt, arbeitet er jetzt mit dem Team zusammen, um herauszufinden, wie das Projekt am besten angegangen werden kann.«[15]

Felix S., Product Owner bei einer mittelgroßen Digitalfirma, beschreibt seine Rolle im Interview folgendermaßen: »Zu meinen Aufgaben gehört: Nutzertests vorbereiten, überlegen, wo soll es hingehen, Prototypen konzipieren, Hypothesen aufstellen, fragen, was wollen die Nutzer, wissen wir, wo es technisch und konzeptionell hingeht? Ich wollte die Chance, auf das Produkt einzuwirken. Was auch dazu gehört, ist immer noch, den Kunden zu erziehen, umzukrempeln – das gehört eben dazu.«

Neben dem Product Owner kommt noch der Scrum Master ins Spiel, er oder sie ist dafür verantwortlich, dass das Team nach agilen Werten und Prinzipien arbeiten kann. Stellman über die Rolle: Er oder sie »hilft dem Team, das Projekt in Iterationen aufzuteilen, verfolgt dessen Fortschritt auf einem *task board*, macht sich die Projektgeschwindigkeit und *burndown charts* zunutze, um die Menge an ausstehender Arbeit – die auf null »herunterbrennt«, wenn sie erledigt ist – tagesaktuell zu tracken, und hält alle auf dem Laufenden.«[16] Scrum Master bei einer Digitalagentur Alina G. über ihre Rolle: »Ich bin dafür da, dass das Team gut arbeiten kann, ich beobachte das Team in seinen Verhältnissen, in seinen Kommunikationsweisen. Ich muss schauen, dass die Kultur hier in der Agentur sich entwickelt. Man hat auch ganz viel Community-Arbeit, Austausch mit anderen Scrum Mastern zu unseren Themen, Transfer schaffen, fragen: Was kann man da noch verbessern?«

Idealerweise arbeiten die Teams während der Sprints ohne

Business Owner

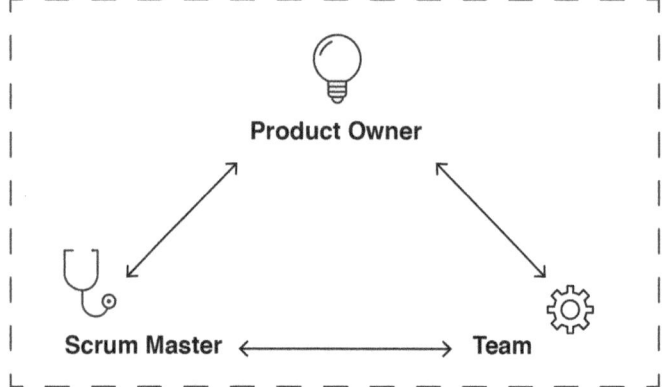

Product Owner

Scrum Master ←——————→ **Team**

Rollen bei agilen Projekten (am Beispiel Scrum)

Störungen von außen in einer Art agilem Sandkasten – in der Informatik bezeichnet *sandbox* (Sandkasten) einen definierten, gegen die Umgebung abgeschlossenen Bereich. Die Scrum Master räumen Hindernisse aus dem Weg, die Product Owner sorgen dafür, dass das Team in die richtige Richtung läuft. So entsteht ein Schutzraum, in dem die Teams weitgehend frei agieren, sich selbst organisieren und von der Außenwelt abgeschottet sind. Außerhalb des agilen Dreiecks zwischen Team, Product Owner und Scrum Master beginnt die raue Realität, hier findet sich eine weitere Rolle, von der eher seltener die Rede ist, der Business Owner. Sie ist keine eigentliche agile Rolle und befindet sich damit außerhalb der Lehrbuchpraxis von agilen Frameworks. Damit ist die Geschäftsführung oder das obere Management gemeint, also diejenigen, die letztlich geschäftliche und technische Verantwortung innehaben. In größeren Firmen sind sie oft auf einer Zwischenebene zwischen der Geschäftsleitung und den agilen Teams positioniert. Sie sind für die Leitung und Koordination einer Vielzahl agiler Teams zuständig und haben die Kapitalrendite des Unternehmens im Blick.

Kritik am agilen Fließband

Die agilen Methoden haben in den fast 20 Jahren seit ihrer Erfindung einen beeindruckenden Siegeszug erlebt. Zahlreiche Innovationen sind branchenweit unbestritten, dazu gehören die kontinuierliche Bereitstellung funktionierender Prototypen, kurze Entwicklungszyklen und standardisierte Testverfahren. Bertrand Meyer, Autor einer vielbeachteten Agilitätskritik, nennt »kurze Iterationen, kontinuierliche Integration neuer Features in bestehende Software sowie die Rolle des Product Owners«[17] als in Fachkreisen generell akzeptierte Neuerungen. Doch es gibt auch Kritik.

Immer wieder stoßen agile Prozesse gegen eine Wand, wenn plötzlich doch starre Zeit- oder Budgetvorgaben von Kundenseite oder durch die Geschäftsleitung präsentiert werden. Der Entwickler Amir Yasin schreibt auf medium.com: »Die Realität von *agile* ist, dass [die Entwickler] immer noch auf unverrückbare Entscheidungen stoßen, die von Geschäftsleuten ohne wirkliches Verständnis der Technologie getroffen werden. Diese Entscheidungen werden dann den Entwicklern aufgebürdet. Das Endergebnis ist dasselbe wie bei Wasserfall, nur die Namen haben sich geändert.«[18] David E., langjähriger Softwareentwickler, haut in die gleiche Kerbe: »Das Arbeiten in Sprints zerhackt langfristige Arbeiten und orientiert sich nur an kurzfristigen Zielen. Es erzeugt zusätzlichen Stress durch unnötige Deadlines (nach dem Sprint ist vor dem Sprint) und durch die künstliche Erschaffung von Konkurrenzsituationen zwischen den Beteiligten. Scrum befürwortet und fördert aktiv die Austauschbarkeit von Personen; alle sollen alles können, jeder soll wissen, dass er jederzeit ersetzbar ist.«

Die Anwendung von Frameworks, also konkreten Umsetzungsmethoden wie Scrum, können zu unnötigem Verwaltungsaufwand führen, wenn etwa bestimmte Formate wie Scrum Meetings um ihrer selbst willen abgehalten werden. Eine sklavische Befolgung vermeintlich eherner Regeln ist die Folge. Der erfahrene Programmierer Dirk R. benennt im Interview mit dem Autor die Tendenz: »In meiner Erfahrung ist der Prozess oft kleinteilig und bringt hohen Strukturierungsaufwand mit sich, der Prozess schützt aber das Team vor Willkür und bringt mehr Ruhe rein, als wenn man ›drauflos agiert‹.« Oft wird bemängelt, ein gewisser Scheuklappeneffekt stelle sich ein, die agilen Entwickler verlören vor lauter Tickets, Mikrotasks und Teamkommunikation die eigentlichen Projektziele aus den Augen. David E.: »Das Problem mit den Takten und dem begrenzten *scope* [etwa: Wahrnehmungsbereich] ist, dass der Horizont vieler Entwickler am Rand ihrer Kaffeetasse endet. Es ist die totale Verschulung mit Daily Standup und Hausaufgaben, die täglich abgefragt werden. Scrum ist wieder Mikromanagement, Entmündigung, Infantilisierung, Verschulung, Kontrollwahn.«

Agilität kann auch einschüchtern: »[F]rühere Ansätze werden als passé abgetan, verächtlich als ›Wasserfall‹ bezeichnet und der Eindruck hinterlassen, dass jeder, der sie unterstützt, unflexibel und ein Spießer ist«,[19] merkt Bertrand Meyer an. Beim Scheitern agiler Projekte sind die Schuldigen dann schnell ausgemacht: Wenn es nicht klappt mit der Agilität, dann war das Team nicht agil genug, die Einzelnen zu konservativ, nicht wirklich *committed*. Der Blogger Amir Yasin kritisiert insbesondere Scrum für diese Mechanismen: »Die Hinzufügung des Daily Scrum stellt sicher, dass jeder, der als zu langsam wahrgenommen wird (ob dies zutrifft oder nicht), sofort heraussticht. Diese Art von Heizraumatmosphäre mag für einige großartig sein, aber für die meisten ist sie eine Quelle von erheblichem Stress und letztendlich von geringerer Produktivität. Dieser Druck ermutigt die Entwickler nicht, an die Zukunft zu denken, sondern nur dazu, etwas zusammenzuschustern, das gerade so eben funktioniert.«[20]

Oftmals scheitern Organisationen an der richtigen Umsetzung der neuen Rollen. Dem Wirtschaftsinformatiker Ayelt

Komus zufolge hapert es daran oft, denn »viele Product Owner [kommen] nicht mit dieser neuen Rolle zurecht, in der sie nur Ziele formulieren, die Details zur Umsetzung aber dem Team überlassen sollen. Auch die Arbeit in Sprints aufzuteilen ist für sie eine große fachliche Herausforderung.« Ein großes Problem bilde oft das Umfeld: »Besonders in großen Unternehmen gibt es unzählige Vorgaben, Regelungen und Prozesse, die auf die alten, plangetriebenen Verfahren ausgerichtet sind. Das verträgt sich schlecht mit Agilität.«[21] Die größten Widerstände in den Organisationen entstünden nicht bei den Entwicklerinnen bzw. den Teams selbst, sondern beim mittleren Management, fallen doch bei konsequenter Implementierung in traditionell hierarchischen Organisationen gleich mehrere Leitungsebenen weg. Daher »sieht das mittlere Management die Umstellung oft als Bedrohung. Viele haben Angst davor, nicht mehr gebraucht zu werden«, betont Komus in seiner Einschätzung der agilen Implementierung.

Von nur an der Oberfläche eingeführten Methoden, die klassischen Projektvorgaben einfach übergestülpt werden, berichtet der Soziologe Andreas Boes und spricht vom »Potemkinschen Scrum«, das Risiko »verbrannter Teams« entstehe, die ohne Empowerment dem Takt schutzlos ausgeliefert sind.[22] Gerade die Teamarbeit kann zur extremen *exposure* der oder des Einzelnen führen, wer zurückbleibt, ist in Echtzeit als Schlendrian oder Versagerin identifizierbar und möglichem *peer group pressure* (Gruppenzwang) ausgesetzt, digitale Trackingtools für die agilen Arbeitsschritte verstärken diese Tendenz noch. Der Soziologe Tobias Kämpf sieht ein »System permanenter Bewährung« am Werk.[23] Der Blogger und Technologieexperte Kurt Cagle meint, Agilität sei schlicht zur Religion geworden, er vergleicht Daily Scrum Meetings mit Messen, in denen der Scrum Master die Beichte abnimmt und die Gläubigen Abbitte leisten: »Ich gelobe, drei Module abzuarbeiten, oh Scrum Master, denn ich habe gesündigt und den Teamdurchschnitt gesenkt.«[24]

Den Verdacht, dass aus *story points* schnell Zeiteinheiten bzw. Geldeinheiten werden, spricht Yasin aus: In den Köpfen der Verantwortlichen würden diese fast immer zu »Zeiteinheiten« und dazu eingesetzt, Teams untereinander zu vergleichen oder ihnen Vorhaltungen zu machen, warum »ihre Geschwindigkeit abfiel, obwohl die Zahlen als willkürliche Werte ohne Einheiten begannen«.[25] Und Anne V., CEO eines Start-ups in Berlin, erzählt im Interview: »Man kann auch mal zwei Teams gegeneinander antreten lassen: Einmal hat ein Team geschaut, kriegen wir einen Sprint auch in einer Woche hin, auf die doppelte Geschwindigkeit kommen, das hat so einen Sportaspekt, Hackatonethik, 24 Stunden durchpowern und dann ein geiles Ergebnis haben, sie haben es dem Backendteam so richtig gezeigt.«

Was denken die Manifest-Autoren selbst über ihren fast zwanzig Jahre zurückliegenden Impuls für die Branche? Durch die Bank empfehlen sie, Methoden sorgfältig auszuwählen und an die konkreten Situationen anzupassen, und nicht sklavisch »nach Lehrbuch« vorzugehen. Agilität sei keine Patentlösung, geben sie in einer wissenschaftlichen Befragung aus dem Jahre 2018 zu Protokoll. Gleichzeitig drücken sie ein gewisses Unbehagen über eine Verschulung der agilen Prinzipien aus und rümpfen die Nase angesichts einer blühenden Berater- und Coachinglandschaft und einer »Zertifizierungs- und Kommerzialisierungsblase«.[26]

Von Störungen und Erschöpfungen

Bei den Gewerkschaften steht Agilität als Thema auf der Tagesordnung, insbesondere die für die IT-Branche zuständige Dienstleistungsgewerkschaft ver.di beschäftigt sich mit den Auswirkungen bereits seit Jahren. Agile Methoden werden von der Arbeitnehmerorganisation grundsätzlich begrüßt, auch als Gegenmittel gegen gestiegene Arbeitsintensität in allen Bereichen »digitaler Arbeit«: »Die agilen Prinzipien der Selbstorganisation und des nachhaltigen Tempos sind Ansatzpunkte, um das Problem der Arbeitsintensivierung anzugehen«, heißt es in einer Anfang 2020 publizierten Broschüre aus dem Verbund-projekt *Gute agile Projektarbeit*: Die Beschäftigten sollten bei der Gestaltung ihrer Arbeit beteiligt werden.[27] Auch das »Men-schenbild«, das agilen Methoden zugrunde liege, das Ver-trauen auf die Expertise der Beschäftigten und dass der Mensch im Mittelpunkt stehe, werden positiv bewertet.[28] Dass ein nach-haltiges Tempo angestrebt wird, das agile Teams auf unbe-stimmte Zeit zu halten vermögen, die *sustainable pace*, hat es den Verfasserinnen angetan. Auch dass Kent Beck, einer der Unterzeichner des *Agilen Manifests*, die 40-Stunden-Woche als eine der zwölf Praktiken des Extreme Programming anführt, stößt auf Anerkennung.

Im Zuständigkeitsbereich der IG Metall macht sich der agi-le Trend ebenfalls bemerkbar. Vanessa Barth, Leiterin des Be-reichs Zielgruppenarbeit und Gleichstellung, stellt fest: »Im Moment rollt durch die Unternehmen eine riesige Agilitätswel-le.« Grundsätzlich begrüßt sie diese Entwicklung, regt aber an, bei der Implementierung genau hinzuschauen und zu fragen: »Ist es Etikettenschwindel, wird es als reine Rationalisierungs-strategie genutzt oder geht es um einen echten Kulturwandel – also darum, besser zu arbeiten?«[29] Als Stichworte nennt sie »gute Arbeitsatmosphäre, Sicherheit, Schutz vor Willkür, re-gelmäßiges Einkommen, 30 bis 40 Stunden, Gesundheit« und drückt so mit ihrer Charakterisierung »guter Arbeit« den ge-werkschaftlichen Grundkonsens aus.[30]

Idealerweise gibt es nach dem Start eines Sprints keinerlei Störungen mehr von außen, das Team kann in Ruhe die selbst-gesteckten Zielvorgaben erfüllen. Die Soziologin und Leiterin des Verbundprojektes diGAP, Sabine Pfeiffer, betont daher, dass »agile Methoden unter bestimmten Voraussetzungen als Schutzraum gegenüber neuen Belastungstypen und freiwilliger Selbstausbeutung wirken können – ein Schutzraum aber, der fragil und ohne interessenspolitisch flankierte Ressourcenkon-flikte auf Dauer wohl nicht zu sichern ist.«[31] Ihre Skepsis dar-über, ob das Ideal ungestörter Arbeit im Sprint-Alltag einer Überprüfung durch die Realität standhält, ist wohl begründet.

Scrum Master Alina G. im Interview: »Das Ideal ist nicht machbar, Störungen von außen sind immer noch Alltag. Oft setzt sich das Staffing-Prinzip durch: Wenn Leute nicht ausgelastet sind, werden sie in andere Teams gesteckt, oder man stellt doch wieder auf Wasserfall um.«

Gestörtes Arbeiten ist denn auch der Titel einer weiteren ver.di-Publikation. Wer hier eine gewerkschaftliche Kehrtwende hin zu genereller Kritik der Arbeit vermutet, etwa im Sinne von »Arbeit ist bescheuert« oder »Die arbeiten wie die Gestörten«, wird enttäuscht. Es geht vielmehr um Störungen bei der Arbeit, die als Hauptquelle von Stress ausgemacht werden. In einer repräsentativen Befragung unter 5.720 Beschäftigten des Dienstleistungssektors wurde die Bedeutung des Phänomens deutlich: »Vier von fünf IT-Beschäftigten ist derzeit kein ungestörtes Arbeiten möglich – dies ist der höchste Branchenwert.« Als Ursachen werden angeführt: lückenhafte Arbeitsinformationen, Planungschaos und übergriffige Vorgesetzte. Digitale Technologien verstärken die Störungsaufkommen noch, Stichworte, die genannt werden, sind »Multitasking«, »drei Fenster offen«, aber auch Arbeit von zu Hause oder unterwegs sei nicht störungsfrei, hier komme eine verstärkt wahrgenommene ständige Erreichbarkeit noch hinzu. Frauen sind dabei öfter Störungen ausgesetzt, die Autorinnen vermuten, es gebe möglicherweise geringere Hemmungen, diese zu stören.[32]

Die Psychologin Shelly Carson von der Harvard University stellte in ihren Untersuchungen fest, dass unterschiedliche Personen ganz verschieden auf Störungen bei der Erledigung einer konzentrierten Aufgabe reagieren. Von ihr als besonders kreativ Klassifizierte ließen sich viel eher aus der Ruhe bringen. Aus der Psychologie ist der Mechanismus der latenten Hemmung bekannt, Menschen blenden dabei bestimmte Umweltreize unbewusst aus, die erfahrungsgemäß keine Verbesserung des eigenen Zustands herbeiführen. Der Wirtschaftsjournalist Wolf Lotter, der dies in einem Artikel beschrieb, kommt zu dem Ergebnis: »Ganz anders ist da das Denkorgan von Kreativen geschaltet. Die latente Hemmung ist schwach entwickelt, das Gehirn ist auf

360 Grad offen, zu allem bereit, rund um die Uhr.«[33] Es liegt also nahe zu vermuten, dass Kreative gleichzeitig auch empfindlicher auf negative Stimuli reagieren, die dann als Störungen wahrgenommen werden. Die Skepsis der Agilitätsexpertin Sabine Pfeiffer kippt ins Resignative, wenn sie Ende Januar 2020 auf einem ver.di-Kongress in Berlin bilanziert: »Das Hamsterrad wurde schneller für die Beschäftigten. Agilität wird in vielen Unternehmen als Beschleuniger geistiger Arbeit betrachtet, am Ende steht die erschöpfte Organisation.«[34]

Physische Nähe, enge Zusammenarbeit und direkte Begegnungen gehören zum Kanon der agilen Methoden – so fordert Scrum die tatsächliche Anwesenheit aller Teammitglieder beim Daily Scrum Meeting, Extreme Programming propagiert das gemeinsame Programmieren Schulter an Schulter. All das ist in Zeiten der Coronakrise nicht mehr möglich, die Vereinzelung im Homeoffice stellt eigentlich das genaue Gegenteil der erwünschten idealen Arbeitssituation dar. Und doch stellten sich Unternehmen schnell auf die neue Situation ein, und auch die agilen Ratgeber hatten sogleich ein Update parat. Bereits im Februar 2020, also in der Anfangsphase der Pandemie, als zumindest in den USA Corona noch weit weg war – der erste Corona-Todesfall in den USA datiert vom 29. Februar –, gab JJ Sutherland, Sohn des gleichnamigen Scrum-Begründers, Hinweise für das agile Arbeiten in Pandemiezeiten und hatte auch einen griffigen Slogan dafür parat: »distribuierte Kollaboration«.

Da die Teammitglieder nun weit verstreut und vereinzelt agierten, sei es umso wichtiger, dass der Zugriff auf dieselben Tools für alle gewährleistet sei; alle erledigten und ausstehenden Aufgaben müssten ohne Zeitverzögerung für alle zugänglich sein, um einen reibungslosen Ablauf zu gewährleisten. Ebenso steige die Bedeutung digitaler Werkzeuge, allen voran Kommunikationstools. Präzision und Vollständigkeit in der Beschreibung der Backlog-Elemente werde noch wichtiger, wenn die Teams verteilt arbeiten, so JJ Sutherland: »Das Team muss wissen, was der Product Owner will und warum.«[35] Von digitalen Technologien war im *Agilen Manifest* noch gar nicht die

Rede, jetzt rücken sie immer mehr ins Zentrum des agilen Arbeitsalltags, erst recht nach Coronazeiten ist agile Produktion ohne diese nicht mehr denkbar.

Über den Globus verteilte Teams gibt es im internationalen Softwaregeschäft allerdings schon länger. Eine Veröffentlichung aus dem Jahre 2009, an der Scrum-Mitbegründer Jeff Sutherland selbst beteiligt war, beschreibt die Erfolge einer Softwarefirma, die zwischen den Niederlanden und Indien mit Fern-Scrum gute Erfahrungen machte. Sie hatte das Scrum-Framework an die Anforderung räumlich verteilter und gleichzeitig outgesourceter Teams in verschiedenen Zeitzonen angepasst und das Modell erfolgreich skalieren können: »Mit verteilten, ausgelagerten Teams lässt sich zuverlässig Hyperproduktivität erreichen, ein vollständig verteiltes Modell wird zum empfohlenen Standard.«[36]

Der Vergleich mit dem Paradebeispiel dezentraler Systeme, dem Hauptgaranten für die Dynamik des Digitalen Kapitalismus, drängt sich auf: dem Internet. Die Topologie des Internets – ein dezentrales Netzwerk aus Servern, das einen Atomkrieg überleben und funktionsfähig bleiben kann, wird übertragen auf die Arbeitsorganisation: Distribuierte Teams überleben bzw. bleiben produktiv trotz Coronapandemie, trotz Ausgangssperren und Ausnahmezustand – der Resilienz des Internets, kybernetischer Selbststeuerung und agiler Arbeitsmethoden sei Dank. Vom Zusammenstehen beim Daily Scrum, von Präsenz, körperlicher Nähe und den analogen Klebezetteln aus der Anfangszeit von Scrum ist nicht mehr die Rede – was bleibt, ist ein digital vermitteltes, weltweit räumlich und zeitlich verteiltes Netz an ausgelagerten, vereinzelten und doch vernetzten Geistesarbeitern.

In Zeiten der Coronakrise erreichte auch die Erschöpfung ganz neue Dimensionen. Millionen fanden sich binnen kürzester Zeit in einer Situation wieder, die mit Homeoffice nur unzureichend beschrieben werden kann – handelt es sich doch nicht um In-Ruhe-zu-Hause-Arbeiten abseits des Büroalltags, sondern im Gegenteil um eine Ausnahmesituation, die Störungen, Stress und Erschöpfung eher potenziert als vermindert. Latenzen, die technisch bedingten Verzögerungen bei der Übertragung von Audio- und Videosignalen über das Internet, werden als anstrengend wahrgenommen, auch wenn es sich um kaum merkliche Verzögerungen handelt. Die ständige Sichtbarkeit des eigenen Spiegelbildes bei Videokonferenzen, und sei es nur in Briefmarkengröße, stellt eine zusätzliche Stressursache dar. Das Fehlen von Signalen, die Abwesenheit von Körpersprache und Umgebungseindrücken müssen kompensiert werden durch ein Höchstmaß an emotionaler Mehrarbeit. Technische und organisatorische Störungen sind keine Ausnahmen, sondern Alltag, teilweise arbeiten agil distribuierte Teams standardmäßig mit zwei Konferenz-Tools plus Telefon parallel, um schnell auf Ausfälle reagieren zu können. Die Teamarbeitssoftware *Teams* von Microsoft verzeichnet im Mai 2020 75 Millionen tägliche Nutzer, ein knappes Jahr zuvor waren es noch rund 13 Millionen gewesen, eine Steigerung um fast 600 Prozent.[37] *Zoom fatigue*, von der alle durch Zoom-Video-Meetings über die Maßen erschöpften Lehrenden, Lernenden und Arbeitenden ein Lied singen können, ist derweil zum geflügelten Wort geworden.

Einem verbreiteten Sprichwort zufolge sieht aus der Perspektive des Hammers jedes Problem aus wie ein Nagel. Agilität ist der Hammer, den das Kapital in die Hand nimmt, um seine Transformationsprozesse, seine Revenue-Produktion, seine Ausbeutung der kognitiven *workforce* in die Hand zu nehmen. Die Dummen bei diesem *change process* sind dabei diejenigen, die buchstäblich die agilen Prinzipien eingehämmert bekommen bzw. die agile Suppe im alltäglichen Betrieb auslöffeln müssen. Gestörte Arbeit, heruntergebrannte Mitarbeiter und die erschöpfte Organisation sind die Folge. Nadine B., Mitarbeiterin eines mittelständischen Autozulieferers, weiß von der Projektfront zu berichten: »Die Projektleute hatten alle schon einen Burnout. Oder zwei.« Dieser wird zur stolz präsentierten Tapferkeitsmedaille der agilen Projektler.

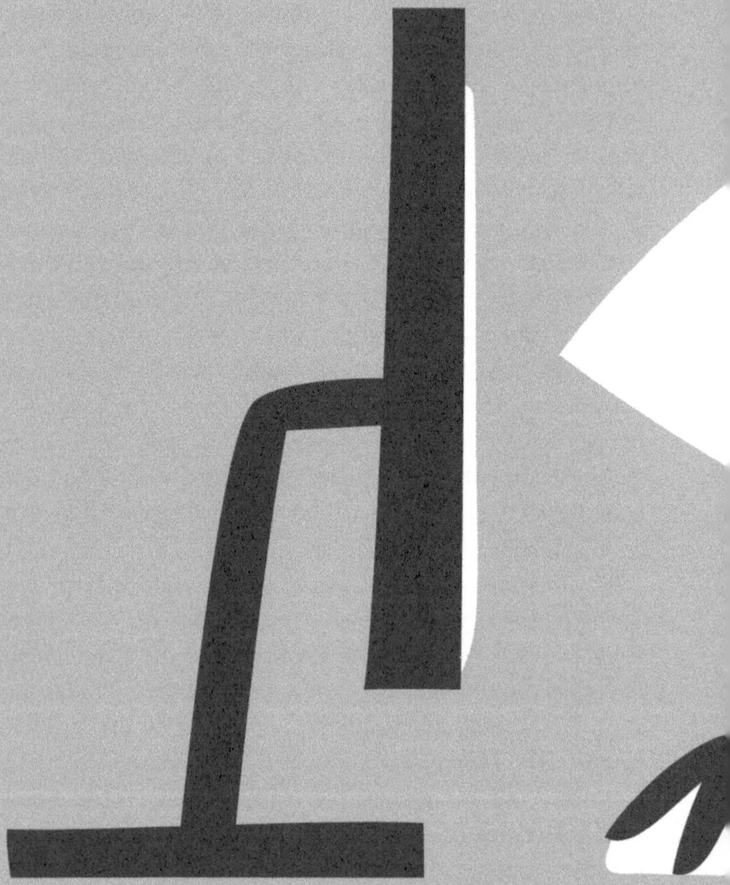

Die große Code-Industrie.
Einblick in den Maschinenraum
der Algorithmenfabriken

Die Geschichte des Programmierens beginnt bereits Mitte des 19. Jahrhunderts, als Lady Ada Lovelace ihre berühmten Anmerkungen zu Charles Babbages nie realisiertem Rechenautomaten, der *Analytical Engine*, niederschreibt: Mit ihren Überlegungen legte die junge Mathematikerin den Grundstein für die Disziplin der Softwareentwicklung. Ihre herausragenden Kenntnisse hatte sich die Autodidaktin gleichwohl illegal besorgt, Frauen war es zu dieser Zeit sowohl untersagt, zu studieren, als auch Bibliotheken nur zu betreten, weshalb sie ihren Mann mit der Informationsbeschaffung beauftragte. So wurde dieser zum häufigen Gast der British Library in London, wo er ab 1849 ohne weiteres einem anderen *heavy user* begegnet sein mochte, der dort bevorzugt seine Nächte verbrachte: Karl Marx. Lovelaces Anmerkungen enthalten in einer Art Tabelle die schrittweise Notation der Vorgehensweise für die Berechnung der Bernoulli-Zahlen. Vielen gilt dies als erster niedergeschriebener Programmcode in der Geschichte der Menschheit. Zumindest stellt sie eine erste Annäherung an die Kernaufgabe der Disziplin dar, die Lösung eines Problems in Form eines Algorithmus, der formal und inhaltlich korrekt ist und von einer Maschine verstanden bzw. verarbeitet werden kann. Lady Lovelace haben wir auch die Erkenntnis zu verdanken, dass der Code, der Anweisungen für eine Rechenmaschine enthält, im Grunde eine Folge von Sprachnachrichten darstellt. Die Parallelen zu natürlichen Sprachen gehen recht weit, es gibt Wörter, Grammatik und Satzbau. Programme sind, das hat sie als Erste erkannt, Listen an Befehlen in Textform, die in einer Sprache formuliert sind, die eine Maschine verstehen kann.

Es sollten dann gut einhundert Jahre vergehen, bis in den 1940er Jahren die ersten Rechenmaschinen zum Einsatz kamen, die tatsächlichen Nutzen hatten. Diese frühen Rechenmaschinen füllten noch ganze Hallen, und ihr Stromverbrauch konnte mit dem von Kleinstädten mithalten. Ihr Betrieb und ihre Wartung beschäftigte derweil eine ganze Armada an Elektrikern, Ingenieuren und Technikern, die Hardware stand (noch) im Vordergrund. Computer bestanden aus Tausenden wartungsintensiven und störanfälligen Vakuumröhren, kamen aber mit wenigen Zeilen Programmcode aus.[1] Die Computer waren noch Einzelstücke, die spezifische Programmierung erforderten, die ausschließlich auf jeden einzelnen zugeschnitten war, Standardisierung war noch lange nicht in Sicht.

Dem sollte erst Grace Hopper abhelfen. Die Mathematikerin arbeitete seit Ende der 1940er Jahre am Mark-I-Computer in Harvard, später auch am ersten kommerziellen Computer, dem Univac I. Ihr gelang es als Erste, eine universelle, d. h. von der spezifischen Hardware unabhängige Programmiersprache zu entwickeln. Gleichzeitig sollte diese Sprache natürlichen Sprachen ähneln, für Menschen leichter verständlich und leichter erlernbar sein. Das Ergebnis war die erste »höhere« Programmiersprache, Flow-Matic, welche erstmals englische Wörter als Befehle nutzte, und deren Quellcode wie der der meisten heutigen Programmiersprachen wie eine Mischung aus Mathematik und Englisch aussieht. Grace Hoppers Erfindung kann durchaus mit der Erfindung des Buchdrucks verglichen werden, sie wurde zur Grundlage einer ganzen Industrie, erstmals waren Computerprogramme universell verwendbar, sprich nicht mehr nur auf einem einzigen Modell lauffähig. Aus einer Geheimsprache für wenige wurde eine leicht zu erlernende Universalsprache, die derzeit in über 700 Dialekten existiert – so viele unterschiedliche Programmiersprachen zählen wir aktuell. Die »Geisteswissenschaft Programmieren«, wie die Schriftstellerin Kathrin Passig sie einmal bezeichnete, konnte sich von der

Hardware emanzipieren und Eigenleben entwickeln. In dem Maße, in dem die Rechner kleiner und handlicher wurden, ihre Leistung dank der Erfindung des Transistors, integrierter Schaltkreise und vieler weiterer Innovationen exponentiell anstieg, nahm auch die Bedeutung von Programmcode gegenüber der Hardware zu.

Die zu bewältigenden Aufgaben wurden immer anspruchsvoller, die Programme länger; für die Apollo-11-Mondmission aus dem Jahre 1969 waren schon 145.000 Zeilen Programmcode geschrieben worden, unter anderem von Margaret Hamilton. Die 1936 geborene Hamilton leitete ein Team bei der US-amerikanischen Raumfahrtbehörde NASA, das mit der Softwareentwicklung für die Apollo-Missionen der späten 1960er und frühen 1970er Jahre betraut war. Sie selbst konzentrierte sich auf Software für die Erkennung von Systemfehlern und verlegte sich auf die Programmierung robuster Routinen, die auch bei Fehlern und Engpässen die wichtigsten Funktionen aufrechterhalten können sollten – ihre Arbeit war von entscheidender Bedeutung für den Erfolg der Mission: Als eine Überlastung des Systems auftrat, schalteten sich weniger wichtige Module selbsttätig ab, um Rechenkapazität für lebenswichtige Systeme freizumachen. Mit ihrer klugen Programmierung rettete sie vermutlich den Astronauten das Leben.

Hamilton machte sich nach ihrer Zeit bei der NASA selbstständig und setzte sich dafür ein, Softwareentwicklung auf eine wissenschaftliche Grundlage zu stellen, Programmieren sollte als Ingenieursdisziplin anerkannt werden. Zu dieser Zeit wurde Softwareentwicklung noch von Quereinsteigerinnen und Autodidakten erledigt, Daumen-Regeln waren an der Tagesordnung. Die allererste Informatikvorlesung in Deutschland überhaupt hielt der Mathematikprofessor Friedrich Bauer, der uns bereits als Gastgeber der NATO-Tagung in Garmisch begegnet ist, im Jahr 1967 an der TU München. Es dauerte noch weitere elf Jahre, bis mit Christiane Floyd auch die erste Frau in Deutschland Informatik-Professorin wurde. Hamilton beschrieb diese Situation in der Rückschau folgendermaßen: »In der Anfangszeit wurde Software stiefmütterlich behandelt und, anders als andere technische Disziplinen wie z. B. das Hardware Engineering, nicht ernst genommen. Sie wurde als Kunst und Magie, nicht als Wissenschaft betrachtet. Ich habe begonnen, den Begriff ›Software Engineering‹ zu verwenden […] und wurde dafür ausgelacht.«[2] In solcherlei Geringschätzung für das Gewerk der Softwareentwicklung kommt ein hardware-fixierter, männlich geprägter Standesdünkel zum Ausdruck, der sich lange gehalten hat: Software ist was für Weicheier bzw. für Frauen, die ja – so das Denkmuster – eher bei Soft Skills punkten und die harte Welt der Maschinen, Hebel und Ströme dem weniger schönen Geschlecht überlassen sollten. Diese Dichotomie findet sich auch in Sydney Paduas Biografie der beiden Computerpioniere Ada Lovelace und Charles Babbage, wenn er schreibt: »Der hartnäckige, sture Babbage und die quicklebendige, luftige Lovelace verkörpern die Trennung zwischen Hardware und Software.«[3]

In der Zwischenzeit ist die Herstellung von Software zu einer anerkannten Ingenieursdisziplin gereift und gleichzeitig zur bedeutenden Branche, sogar zu einer der bestbezahlten. Im Zuge der Anerkennung von Softwareentwicklung als anspruchsvolle Tätigkeit, ja als eine der wichtigsten der digitalen Welt, und in dem Maße, in dem Hardware an Bedeutung verloren hat, wurde sie zur Männerdomäne. Die Entwicklergemeinde hat sich zu einer männlich geprägten, nerdigen, mitunter sogar männerbündlerischen Subkultur entwickelt, und auch die Arbeitswelt in der Softwareentwicklung, egal ob klassische hierarchische Organisation oder agile Arbeitskultur gepflegt wird, ist eine von Männern geprägte. Der Frauenanteil bei den Informatikstudierenden lag in Deutschland 2017 bei gerade einmal 17 Prozent.[4] Von den Bewerbungen auf freie Stellen stammen nur 15 Prozent von Frauen, wie eine Befragung von mehr als fünfhundert Unternehmen der IT- und Telekommunikationsbranche im Auftrag des Digitalverbands Bitkom zeigt. Die Frauenquote in der Digitalbranche liegt bei gerade einmal 30 Prozent, bei Selbstständigen und Gründern gar nur bei 11 Prozent, gibt das Wirtschaftsministerium auf eine Anfrage der Grünen kleinlaut zu Protokoll.[5] Frauen in Führungspositionen der Branche? Auch da sieht es schlecht aus: Der größte deutsche Softwarekonzern SAP kam vierzig Jahre lang ohne Frauen aus, erst 2012 schaffte es die Informatikerin Anja Feldmann in den Aufsichtsrat, derzeit ist dieser allerdings paritätisch besetzt, eine große Ausnahme in der Branche.

Fork it on GitHub!

Code ist auch nichts anderes als Text, zum Schreiben genügt also ein einfacher Texteditor, Puristen begnügen sich tatsächlich mit einem solchen. Spezialisierte Texteditoren unterstützen das Programmieren durch farbliche Hervorhebung unterschiedlicher Codebestandteile, sie helfen dabei, die Übersicht zu behalten und Fehler zu vermeiden. Meistens sind diese in sogenannte Entwicklungsumgebungen integriert (IDE, *integrated development environment*), die eine Vielzahl weiterer Funktionen bereitstellen, wie z. B. Compiler zum Übersetzen des Codes in ausführbare Versionen (*executables*) sowie Tools zum Testen und zur Integration des Codes in bestehende Projekte. »In digitalen Entwicklungsumgebungen wird der Softwarecode von allen Teams permanent (oftmals täglich) automatisiert getestet und zu einem gemeinsamen Softwareprodukt zusammengefügt«, erläutert Tobias Kämpf das Verfahren.[6]

Der Alltag des Programmierens besteht nur zu einem sehr kleinen Teil aus dem tatsächlichen Schreiben von neuem Code, die meiste Zeit wird für Nebentätigkeiten verwendet, wie Fehlersuche, Tests und Dokumentation. Dazu kommt noch der Zeitaufwand für Kommunikation, Abstimmungen mit dem Team, Besprechungen und dergleichen. Der Alltag von Softwareentwicklerinnen und -entwicklern hat wenig zu tun mit dem Bild hinter verschlossenen Türen einsam vor sich hin tüftelnder Nerds, die, von Pizza und Cola genährt, irgendwann mit dem fertigen Ergebnis in der Hand und Ringen unter den Augen aus ihrer Höhle kommen. Demgegenüber sind oft Dutzende, Hunderte oder gar Tausende Mitarbeiterinnen und Mitarbeiter mit jeweils unterschiedlichen Spezialisierungen an einem Softwareprojekt beteiligt. »Die Entwickler arbeiten so nicht mehr in individualisierten Silos getrennt voneinander, sondern werden Teil eines vernetzten, kollektiven Arbeitsprozesses«[7], beschreibt Kämpf den Arbeitsalltag in den Codefabriken unserer Tage.

Softwareprojekte mit Tausenden oder gar Millionen Zeilen, an denen Dutzende oder gar Hunderte gleichzeitig arbeiten, lassen sich ohne spezielle Software gar nicht bewältigen. Dies leisten sogenannte Versionskontrollsysteme (VCS), auf Softwareentwicklung spezialisierte Backupsysteme. Sie protokollieren alle Änderungen am Code, dokumentieren sämtliche Entwicklungsstufen und ermöglichen so die simultane Arbeit vieler. Jegliche Änderung am Code, die in das System eingespeist wird (*commit*), triggert die Erstellung einer neuen Version, daher der Name Versionierung. Dadurch bleibt für alle nachvollziehbar, wer was wann geändert hat, zudem kann jederzeit auf vorangegangene Codeversionen zurückgegriffen werden, wenn z.B. ein Update zu einem Konflikt oder einer Fehlermeldung geführt hat, oder wenn mehrere den gleichen Code bearbeitet haben und es zu Konflikten kommt. Eines der bekanntesten, modernsten und mächtigsten Versionierungssysteme ist Git (*git*, englisch: »Blödmann«). Der Linux-Erfinder Linus Torvalds initiierte das Projekt im Jahr 2005, Ziel war es, ein frei verfügbares Versionierungstool zu entwickeln. Torvalds' Projekt setzte sich – anders als Linux, sein Projekt für ein alternatives PC-Betriebssystem – weltweit gegen die Konkurrenz (etwa von SVN) durch.

Git stellt sicherlich eine der wichtigsten Innovationen im Bereich Softwareentwicklung dar, seit Margaret Hamilton Programmieren zur Ingenieurswissenschaft machte. Doch das Versionsverwaltungssystem muss irgendwo »laufen«, die Daten irgendwo gehostet werden. Die Speichermöglichkeit für diese Repositorien – zentrale Ablagen für alle projektrelevanten Daten, Dokumente sowie Programmcodes – stellte ab 2008 das kleine Start-up GitHub zur Verfügung, gegen geringe Gebühren bot es das Hosting der Git-Repositorien an. Es wurde durch immer neue Funktionen sowie kostenloses Hosting von öffentlichen Projekten schnell zum Anbieter der Wahl für die Entwicklerszene und, wie der Heise-Experte Jan Mahn betont, zu einem »sozialen Netzwerk für Entwickler«.[8] GitHub hostet derzeit über 100 Millionen Repositorien (*repositories*) für überwiegend frei zugänglichen Programmcode. »*Fork it on GitHub*« (etwa: Mach eine Verzweigung auf GitHub!) ist zum geflügelten Wort für Codeentwicklung geworden. Die Schatzkammer der Entwicklerinnen-Community ist eine Art Wikipedia für Code, nur dass es auch Bezahlmodelle und private Bereiche gibt, aber die Grundidee ist die gleiche: Die Community stellt Code offen für alle zur Verfügung, es ist leicht, ihn zu benutzen, zu kommentieren, zu verändern und verändert wieder hochzuladen – womit wir die vier Freiheiten beisammen hätten, die freie Software ausmachen.

Auch über die Entwicklerszene hinaus erfreut sich GitHub reger Verbreitung, in China erlangte es einige Berühmtheit, weil die Bewegung gegen die Anforderungen der digitalen Arbeitswelt in der chinesischen IT-Industrie, die als 996 bekannt ist, sich auf GitHub organisiert. »996« verweist dabei auf den chinesischen IT-Normalarbeitstag, von neun bis neun, sechs Tage die Woche. Die Gegnerinnen benutzen ein GitHub-Repository, 996-ICU, um ihre Forderungen publik zu machen. Die gleichnamige Bewegung verbindet 996 mit dem zwangsläufigen Ende einer solchen Arbeitsbelastung in der *intensive care unit* (ICU), der Intensivstation. Das Kalkül der Aktivistinnen, GitHub sei auch für die chinesische IT-Industrie zu wichtig, als dass eine Sperrung des Netzzugangs zu deren Repositorien zu erwarten sei, ist aufgegangen.[9] Die Zeitschrift *Nature* berichtet derweil über die zunehmende Bedeutung von GitHub für den Austausch von Daten aus der Wissenschaft. Ein Prozent aller Veröffentlichungen in der Informatik hätten 2016 GitHub als Quelle zitiert, dicht gefolgt von Mathematik und Biowissenschaften.[10]

Statistische Datenauswertung gewinnt in vielen wissenschaftlichen Bereichen an Bedeutung, als Bestandteile vieler Veröffentlichungen werden Daten und Code zunehmend auf GitHub abgelegt.

Das in San Francisco ansässige Unternehmen GitHub, Inc. wurde im Dezember 2018 ausgerechnet von Microsoft übernommen.[11] Die Branche war fassungslos, konnten doch die beiden Beteiligten scheinbar gegensätzlicher nicht sein. Als hätte sich Volkswagen die Deutsche Umwelthilfe einverleibt, oder RWE das Hambi Camp 2.0! Boykottaufrufe ließen denn auch nicht lange auf sich warten. Doch was steckte dahinter? Microsoft-CEO Satya Nadella sagte, dieser Deal würde »das Engagement von [Microsoft] für Entwicklerfreiheit, Offenheit und Innovation stärken«.[12] Neben Imageeffekten, die man als Open-Source-Washing bezeichnen könnte, geht es Microsoft darum, sich der weltweiten Gemeinschaft der Entwicklerinnen anzunähern, und dazu hat das Unternehmen kurzerhand deren bevorzugtes soziales Medium gekauft. Experten zufolge folgt Microsoft damit der Strategie von Apple und Google, die mit dem App Store und dem Play Store jeweils Millionen externer Entwickler und Firmen mobilisieren konnten, für ihre jeweilige Plattform zu entwickeln. Der Deal markiert eine Abwendung der Strategie von Microsoft: weg vom klassischen Softwaregeschäft und hin zur Plattformökonomie. Und wie sieht das Geschäftsmodell aus? Auf der Heise-Bühne der Cebit 2018 boten GitHub-Manager Einblick: Die Millionen Coder und ihre Repositories sind eine unerschöpfliche Quelle für Metadaten. Wer arbeitet mit welchen Tools an welchen Projekten in welchen Branchen? Solche und ähnliche Fragen kann GitHub mit einer weltweit konkurrenzlosen Datenbasis beantworten. Und im Ergebnis ist ein Lieblingsprojekt partizipatorischer Codeentwicklung zu einem Big-Data-Pool eines Digitalkonzerns geworden.[13]

Die agile Fabrik

Entwicklungsumgebungen, Versionierungstools, Repositorien –
das war es noch lange nicht. Zentral für den agilen Workflow
sind Softwareprodukte für das Aufgabentracking, wie etwa Jira
der australischen Firma Atlassian oder Pivotal Tracker des kalifornischen Unternehmens Pivotal. In der Schaltzentrale des
agilen Arbeitsflusses wird der Backlog digital gepflegt, *user*
stories, *epics* und Tasks erstellt und ihr Status im Produktions-
ablauf dargestellt, Aufgaben priorisiert und verteilt. Mit ihrer
Hilfe werden Sprints geplant, Bugs dokumentiert und zur Bearbeitung freigegeben und Testläufe angestoßen – sämtliche Arbeitsfortschritte können im Detail verfolgt werden, jeder kleine Schritt wird digital dokumentiert: Wer ist wann online? Wer
hat wann welche Zeile Code geschrieben, welche Aufgaben
gestartet, erledigt, zurückgewiesen? Ganz im Gegensatz zum
Idyll aus den Kindertagen der agilen Methoden, in der kleine
Teams ihre Sprints mittels Klebezetteln planen, bedeutet Agilität in der Praxis heute: »Erstens: Jira installieren. Zweitens:
eine Million *user stories* schreiben«, so der Agilitäts-Berater
Adam Yuret.[14]

Die Tools sind gekoppelt mit Entwicklungsumgebung und
Versionierung: »Gut organisierte Projekte verwenden ein Auf-
gabentrackingsystem wie Jira und verlinken die *commit mes-*
sage mit der zugehörigen Task-ID, damit man den Hintergrund
einer Änderung auch später noch nachvollziehen kann«,
schreibt Kathrin Passig in ihrer klugen Einführung in die Programmierung.[15] Hinzu kommen noch weitere Funktionen, wie
z. B. für Wissensmanagement, diese können als einfache Wikis
realisiert sein oder durch kommerzielle Tools wie Confluence
bewältigt werden, das ebenfalls von Atlassian stammt, dem
führenden Unternehmen für agiles Aufgabenmanagement.

Sie sind wahre digitale Kommandozentralen, die *digital*
boardrooms des agilen *shopfloors*. »SAP Digital Boardroom«
heißt übrigens auch eine Software von SAP, die es der Unternehmensführung erlaubt, sämtliche Kennziffern des Unterneh-

mens bis hinunter zum einzelnen Vorgang, zur einzelnen Transaktion, zum Zustand jeder einzelnen Maschine, jeder einzelnen Schraube in *real time* zu überwachen. Diesen Allmachtsblick bis hinunter in den Bearbeitungsstatus jedes einzelnen Tickets, jeder einzelnen Task, jedes einzelnen Bugs bieten Aufgabentrackingtools: »Diskutieren Sie die Arbeit Ihres Teams in vollem Kontext mit vollständiger Transparenz; verbessern Sie die Teamleistung basierend auf visuellen Echtzeitdaten«, heißt es bei Jira. Auch die Geschäftsführung in Gestalt der Business Owner hat Zugriff auf das Aufgabenmanagementsystem, sie kennt außerdem die Tagessätze und Budgets. Damit ist das Management in der Lage, die Produktivität der Teams und jedes einzelnen Mitglieds somit auch in Umsatz pro Zeit auszudrücken: Jira erlaubt das mit einem Mausklick.[16]

Zur internen Kommunikation der Teams werden oft noch Kurznachrichtendienste eingesetzt. Weit verbreitet bei agilen Teams ist beispielsweise Slack, ein webbasierter Instant-Messagingdienst des US-amerikanischen Unternehmens Slack Technologies. Entwicklerinnen können hier in Channels, die etwa WhatsApp-Gruppen ähneln, kommunizieren, auch Standup Meetings können virtuell abgehalten werden, Slack kann zudem mit anderen Tools wie Git und Jira verknüpft werden. Auch die Tools für Nachrichten, Termine und Mikroabsprachen sind also eng verzahnt mit den restlichen Tools der Codeproduktion. Das beliebte Feature Spy ermöglicht es Teams, Hunderte von benutzerdefinierten Befehlen auszuführen, wie z.B. das Abfragen von Informationen über Daten-Traffic und *commits*, selbst die Erstellung neuer GitHub-Repositorien aus Slack heraus ist möglich.[17] Die IT-Berater Michael Mankins und Eric Garton betonen die Bedeutung digital unterstützter Mikrokommunikationskanäle in Unternehmen: »Durchschnittlich verlieren Unternehmen durch ›organisatorische Widerstände‹ über 20 Prozent ihrer produktiven Leistung«, wollen sie herausgefunden haben.[18] Dazu gehört etwa die Suche nach Spezifikationen oder die Koordination im Zusammenhang mit dem Status von Designs, Updates und Workflows.

Beim Arbeitsalltag in der agilen Codefabrik kommt also eine ganze Reihe miteinander vernetzter Softwaretools zum Einsatz, und ein jedes loggt fleißig mit und produziert einen breiten Strom an Trackingdaten. Entwicklerinnen müssen zudem mehrere Kommunikationskanäle bedienen, wie bei Sozialen Medien auch wird ein konstanter Aktivitätsstrom erwartet, mit allen diesen Tools müssen sie aktiv und rege kommunizieren, was das Zeug hält. Die Tendenz, aus allen Rohren zu feuern, einen ständigen Aktivitätsstrom zu erzeugen, den wir als Mechanismus für die Generierung von verwertbaren Userdaten etwa auf Social-Media-Plattformen kennen, ist hier ebenso präsent. Die Arbeitswissenschaftlerin Ursula Huws bezeichnet diese Aufteilung in kleinste Arbeitsschritte, die digital getrackt und durch ständig eingeloggte Beschäftigte abgearbeitet werden, als »*triple logged labor*« (dreifach geloggte Arbeit): Erstens wird die Arbeit in kleine Häppchen, in standardisierte Einheiten zerhackt (*logged*), zweitens sind die Beschäftigten jederzeit in digitale Arbeitsumgebungen »eingeloggt«, sprich als Benutzerinnen angemeldet, und drittens werden alle ihre Aktivitäten protokolliert und für zukünftige Analysen aufgezeichnet: »Geloggte Arbeit wird zur neuen Norm«,[19] schreibt Huws.

General intellects bei der Arbeit

Programmieren ist zu einer der wichtigsten Tätigkeiten der globalen Ökonomie geworden, weltweit arbeiten geschätzte 40 Millionen Menschen an der Entwicklung von Software, der von ihnen produzierte Code wächst exponentiell. Auf GitHub hat allein die Firma Google zwei Milliarden Codezeilen abgelegt, und ihre Beschäftigten verändern im Schnitt zwei Millionen Zeilen in 250.000 verschiedenen Dateien – täglich![20] Die Softwareentwicklung hat die Stufe der Manufaktur, der verrückten Tüftler und Daniel Düsentriebs längst hinter sich gelassen. Dank der Pionierarbeit von Ada Lovelace, Grace Hopper, Margaret Hamilton und anderen ist sie zu einer Schlüsselindustrie der digitalen Welt geworden, in der fabrikmäßig wie am Fließband Code produziert wird. Auch die Organisation des Arbeitsablaufs ist dem Stadium der Manufaktur, wir sollten vielleicht sagen: der Kognifaktur entwachsen – es handelt sich ja um Kopfarbeit, und nicht um Handarbeit.

Karl Marx unterschied die formelle von der reellen Subsumption der Arbeiterinnen und Arbeiter unter das Kapital. Im Zuge der Industrialisierung geraten diese zunächst rein formal unter die Herrschaft des Kapitalverhältnisses, in einem ersten Schritt werden ehemalige Handwerker zu Lohnarbeitern, der Arbeitsprozess selbst bleibt aber davon weitgehend unberührt. Erst in einem zweiten Schritt werden die ursprünglich handwerklichen Produzierenden auch reell unterworfen, dadurch, dass das Kapital die Fabrik als neuen Ort etabliert, der von vornherein auf die Mehrwertproduktion ausgerichtet ist. Hier, in der »großen Industrie«, ist ihnen nun auch die Gestaltungssouveränität über die Ausführung der Arbeit entrissen, sie haben sich einer Maschinerie zu fügen, die für ihre Ausbeutung designt ist. Das Kapital kommandiert nun die Arbeit selbst, wodurch »die Regelmäßigkeit, Gleichförmigkeit, Ordnung, Kontinuität und Energie der Arbeit wundervoll erhöht« wird,[21] schreibt Karl Marx – Ausbeutung wird in beispiellosem Maß intensiviert.

Karl Marx' Definition der »großen Industrie«, vor 150 Jahren unter dem Eindruck des industriellen Kapitalismus entstanden, ist auch auf die große kognitive Industrie – so könnten wir die heutigen Softwarefabriken bezeichnen – anwendbar. Bei der Subsumption vorwiegend kognitiver Arbeit, z. B. derjenigen der Coder und Softwareentwicklerinnen, aber auch der vielen Kreativwirtschaftlerinnen, lassen sich diese zwei Stufen ebenfalls beobachten: Zunächst nur formal subsumiert, konnten Programmiererinnen oft machen, was sie wollen. Nerds, denen zwar Schwächen im sozialen Umgang nachgesagt wurden, die aber gute Resultate ablieferten, fanden hier ihre Nische. Damit ist dank Agilität nun Schluss. Sie stellt insofern eine zweite Etappe der Unterordnung unter das Kapital dar, die reelle Subsumption auch der mentalen Arbeit der Coderklasse.

Im Zuge des Digitalen Kapitalismus werden die Geistesarbeiter der Codeproduktion, diejenigen, die die Maschinen des digitalen Zeitalters – Algorithmen – produzieren und in Betrieb halten, zum Kern der Produzentenklasse. Als »Hackerklasse« bezeichnete sie McKenzie Wark in ihrem nur wenige Jahre nach dem *Agilen Manifest* veröffentlichten Hacker-Manifest. Ihre vornehmliche Tätigkeit bestehe darin, neue Information herzustellen, die für das Kapital verwertbar ist. In Analogie zu Marx, der als produktive Arbeit diejenige definierte, die für das Kapital produktiv ist, ist für Wark neue Information »diejenige, die vom Urheberrecht als solche anerkannt wird«.[22] McKenzie Wark bezeichnet die Programmierinnen und Programmierer in jüngeren Veröffentlichungen auch als *general intellects*, ins Deutsche vielleicht mit »allgemeine Wissensarbeiterinnen« oder »allgemeine Intelligenzbeschäftigte« adäquat zu übersetzen.

Das vieldiskutierte Konzept des *general intellect* brachte Karl Marx in seinem berühmten »Maschinenfragment« auf. Hier erörterte er ein Szenario, in dem die fortschreitende Rationalisierung der Produktion und die Automatisierung von Prozessen dazu führen, dass menschliche Arbeit zunehmend aus dem Produktionsprozess verdrängt wird, während zugleich die Erkenntnisse der Wissenschaften und allgemein verfügbares Wissen zum entscheidenden Produktionsfaktor werden.[23] Wark benutzt ein Konzept aus den *Grundrissen* von Karl Marx und legt dessen gesellschaftliche Funktion in die Hände derjenigen, die sie ihrer Meinung nach vorrangig prominent exerzieren: Die Coder, Hacker und Programmiererinnen werden zu *general intellects*, denjenigen also, die für die Schaffung kollektiven Wissens als Produktivkraft zuständig sind.

Programmieren ist kreative Tätigkeit, die repetitiven Anteile werden nach Möglichkeit automatisiert. Programmieren ist die Bewältigung des Unvorhergesehenen, denn: Alles, was schon einmal programmiert worden ist, muss idealerweise nicht noch einmal programmiert werden. Auch Fehlersuche und Fehlerbeseitigung, die zu den zeitaufwändigsten Anteilen der Programmiertätigkeit gehören, sind keinesfalls monotone Tätigkeiten und nicht vergleichbar etwa mit der Qualitätskontrolle bei industrieller Produktion. Sie stellen vielmehr immer neue Rätsel dar, die eine spielerische und kreative Herangehensweise erfordern, um sie zu lösen. »Tätigkeiten in der (Software-) Entwicklung […] sind zu einem erheblichen Teil unvorhersehbar, auch aufgrund neuer Erkenntnisse und Schwierigkeiten, die sich im Arbeitsablauf ergeben«, schreibt Nadine Müller, Referentin im Bereich Innovation und Gute Arbeit bei ver.di.[24]

Bei Software macht die wiederholte Herstellung des Gleichen keinen Sinn, genauso wenig wie das mehrmalige Aufschreiben desselben Textes – bei Programmcode handelt es sich schließlich um nichts anderes als Text, der allerdings von Maschinen interpretiert werden kann bzw. zur maschinellen Verarbeitung gedacht ist. McKenzie Wark macht einen entscheidenden Unterschied zwischen der repetitiven Hardwarearbeit und der kreativen Softwarearbeit aus: »Der Arbeitsplatzalbtraum des Arbeiters besteht darin, dass er das exakt Gleiche immer wieder tun muss, und das im Wettlauf gegen die Uhr. Der Arbeitsplatzalbtraum des Hackers besteht darin, dass er immer wieder Neues schaffen muss, und das im Wettlauf gegen die Uhr.«[25]

Exakte Kopien eines Originals herzustellen, eine Vorgabe immer wieder exakt abzuarbeiten ist hier fehl am Platz, ein solches Vorgehen wäre *waste*, Verschwendung, die Produktion sinnlosen Ausschusses, stattdessen muss ständig Neues produziert werden. Updates, Inkremente, Aktualisierungen stellen eine endlose Folge an Betaversionen dar, die im Zusammenspiel mit den Usern/Kunden entstehen – darin besteht das Kerngeschäft des Digitalen Kapitalismus. Die Gesamtheit der Code-Arbeiterinnen und -arbeiter speist ihre Arbeit in einen weltweit verfügbaren Pool ein, oft direkt frei zugänglich wie bei offenen Projekten auf GitHub, Beiträgen auf Wikipedia oder sonstigen frei zugänglichen Repositorien von Ergebnissen geistiger Arbeit. Oft genug aber auch hinter Paywalls, Lizenzbestimmungen, Patenten und Urheberrechten nur formal daran gehindert, in das allgemeine Wissen der Welt einzufließen.

Das Kapital dressiert,
der Arbeiter pariert

Großprojekte wurden schon vor langer Zeit erfolgreich gestemmt, der Bau der Pyramiden, der Chinesischen Mauer oder des Kölner Doms beschäftigte Tausende und brachte oft die besten Spezialisten vieler unterschiedlicher Gewerke an einem Ort zusammen. Diese vorkapitalistischen Projekte kannten keinen allgemeinen Zwang zur Rationalisierung oder marktgetriebenen Innovationsdruck, keine Konkurrenz durch Mitbewerber – *twice as fast* war damals noch kein Thema, es ging insgesamt eher gemächlich zu. Ihnen ist gemeinsam, dass sie unter sozialen Bedingungen stattfanden, die wir heute als Zwangsarbeit bezeichnen würden: Sie wurden von Sklaven oder Leibeigenen erledigt. Diese »Projekte« gingen auch – jedenfalls ist nichts Gegenteiliges bekannt – gänzlich ohne Projektmanager, Gantt-Charts oder Daily Standups über die Bühne.

Selbst in der Anfangszeit des Kapitalismus war Management noch kein Thema, in den Manufakturen, Ansammlungen kleinerer Produktionseinheiten von überschaubarer Dimension, gab es für Manager keinen Bedarf. Die Arbeit in den *sweat shops* des Frühkapitalismus blieb nach wie vor unter unmittelbarer Kontrolle der Produzentinnen und Produzenten, ebenso wie die handwerkliche Expertise, und Arbeitsabläufe wurden wie in vorindustrieller Zeit mit traditionellen, kaum veränderten Methoden betrieben, oft im familiären Umfeld. Diese traditionellen Methoden, ihre Organisation und ihr Betrieb gerieten jedoch zusehends in Konflikt mit dem Expansionsdrang des Kapitals, seinem Bestreben, immer mehr immer schneller und kostengünstiger zu produzieren. Dadurch »verwandelten sich die von der Manufakturperiode überlieferten Transport- und Kommunikationsmittel bald in unerträgliche Hemmschuhe für die große Industrie mit ihrer fieberhaften Geschwindigkeit der Produktion, ihrer massenhaften Stufenleiter, ihrem beständigen Werfen von Kapital- und Arbeitermassen aus einer Produktionssphäre in die andre und ihren neugeschaffnen weltmarktlichen Zusammenhängen«,[1] schrieb Karl Marx in seiner Analyse des Fabriksystems im *Kapital*. Aus der Manufaktur geht die »große Industrie« erst allmählich hervor, und mit ihr ein spezieller Ort der Produktion und der Ausbeutung: Das Kapital konzentriert die Arbeitenden in immer größerer Zahl an einem Ort, der allein zu diesem Zweck erst geschaffen wurde, der Fabrik. Auch ästhetisch sahen die neuen Tempel der Kapitalvermehrung zunächst aus wie Schlösser oder Burgen, bevor die aufstrebende Bourgeoisie ihren eigenen Stil fand.

Die Fabrik wird zur Kathedrale der kapitalistischen Produktion, und mit ihr hält die kapitalistische Arbeitsteilung Einzug. Die Rede ist nicht von der zwischen Bäcker und Friseurin, Bäuerin und Händler, nach Geschlechtern, in Familien, nach Zünften oder Berufen: Diese »gesellschaftliche Arbeitsteilung« in unterschiedliche Gewerbe und Spezialisierungen gab es schon zu Zeiten der Pharaonen. Im Kapitalismus kommt eine weitere hinzu: die Zerstückelung von Arbeitsabläufen in einzelne Arbeitsschritte innerhalb der Fabrik, oder mit den Worten des US-amerikanischen Marxisten Harry Braverman »die Zerlegung des zur Herstellung eines Produktes erforderlichen Arbeitsprozesses in eine Vielzahl von Verrichtungen, die von verschiedenen Arbeitern erledigt werden«.[2] Erst mit der fabrikmäßig-kapitalistischen Variante der Arbeitsteilung schlägt auch die Stunde des Managements.

Adam Smith, der Klassiker der bürgerlichen Ökonomie, hält sie gar für eine der größten Errungenschaften der Menschheit. In seinem Hauptwerk *Der Wohlstand der Nationen* nennt er gleich drei Vorteile der Arbeitsteilung:[3]

1. die Zunahme an Geschick des einzelnen Arbeiters, der sich auf eine spezifische Aufgabe konzentrieren kann
2. die Zeitersparnis, die sich beim Wegfall des Wechsels von einer Tätigkeit zur nächsten ergibt, und
3. die Erfindung und den Einsatz von Maschinen, die die Einzelnen befähigen, um ein Vielfaches produktiver zu werden.

Gleich zu Beginn seines Buchs beschreibt Smith fasziniert die Arbeitsteilung anhand der modernen Produktion von Stecknadeln – eine der berühmtesten Stellen aus der ökonomischen Literatur ist gleichzeitig eine Feier der Arbeitsteilung: »Der eine Arbeiter zieht den Draht, der andere streckt ihn, ein dritter schneidet ihn, ein vierter spitzt ihn zu, ein fünfter schleift das obere Ende, damit der Kopf aufgesetzt werden kann. Auch die Herstellung des Kopfes erfordert zwei oder drei getrennte Arbeitsgänge. Das Ansetzen des Kopfes ist eine eigene Tätigkeit, ebenso das Weißglühen der Nadel, ja, selbst das Verpacken der Nadel ist eine Arbeit für sich.«[4] Achtzehn verschiedene Verrichtungen zählt Smith, die auf zehn Personen aufgeteilt werden, und zum beeindruckenden Output von 48.000 Stecknadeln pro Schicht führen.

Smith gilt heute meist als Apologet sowohl der Arbeitsteilung als auch des freien Marktes. Er sieht zwar die Arbeitsteilung als »sowohl moralisch als auch wirtschaftlich positiv, da sie den Fortschritt der Zivilisation vorantreibt, unter der Voraussetzung, dass seine negativen Auswirkungen effektiv gehandhabt werden sollten«.[5] Doch es ist ihm durchaus nicht entgangen, was für einen Horror die kapitalistische Maschinerie da im Begriff war loszutreten, welche Potenziale an Gewalt und Entfremdung hier entfesselt wurden: »[D]er Mann, dessen ganzes Leben für die Ausführung einiger einfacher Operationen aufgewendet wird, von denen auch die Auswirkungen vielleicht immer gleich oder fast gleich sind, hat keine Gelegenheit, seinen Verstand oder seinen Geist darin zu üben, um Hilfsmittel herauszufinden zur Beseitigung von Schwierigkeiten, die doch niemals auftreten.«[6] Für die Produzentenseite dreht sich der Spieß um, statt dass sie bestimmt, wie gearbeitet wird, betreten die Fabrikarbeiterinnen und Fabrikarbeiter nunmehr einen Ort, an dem im Vorhinein schon »gewusst« wird, wie die Arbeit zu verrichten sei, in den Worten von Marx: »In der Manufaktur ist die Gliederung des gesellschaftlichen Arbeitsprozesses rein subjektiv, Kombination von Teilarbeitern; im Maschinensystem besitzt die große Industrie einen ganz objektiven Produktionsorganismus, den der Arbeiter als fertige materielle Produktionsbedingung vorfindet.«[7]

Das Babbage-Prinzip und die feinen Unterschiede

Ein entscheidender Vorteil der kapitalistischen Arbeitsteilung ist Adam Smith allerdings entgangen, nicht jedoch seinem Zeitgenossen Charles Babbage. Der berühmte Fabrikant, Ökonom und Erfinder beschreibt das seither nach ihm benannte Prinzip folgendermaßen: »Durch die Aufteilung der auszuführenden Arbeit in verschiedene Prozesse, die jeweils ein unterschiedliches Maß an Geschick oder Kraft erfordern, kann der industrielle Unternehmer genau die Menge von beidem beschaffen, die für jeden Prozess erforderlich ist.«[8] Das Babbage-Prinzip besagt im Kern, dass die Aufspaltung des Arbeitsprozesses in Teile, die unterschiedliche Fähigkeiten erfordern, das notwendige Qualifikationsniveau und damit die Lohnkosten im Schnitt senkt. Harry Braverman hält das Babbage-Prinzip gar für das »allgemeine Gesetz der kapitalistischen Arbeitsteilung«. Er schreibt: »Allen Arbeitsprozessen ist eine Struktur gegeben, die in ihren Extremen diejenigen polarisiert, deren Zeit unendlich wertvoll ist, und die, deren Zeit fast nichts wert ist.«[9]

Babbage war auch der erste, der versucht hatte, einen universellen Rechenautomaten zu bauen, und war damit gescheitert. Die beiden Projekte waren sich dabei ähnlicher, als es zunächst scheinen mag. Babbage selbst waren die Parallelen zwischen dieser Maschine und der Ausbeutungsmaschinerie der

Fabrik durchaus bewusst: Maschinen zur Verarbeitung von Material zu Endprodukten hier, Maschinen zur Verarbeitung von Daten (Zahlen) zu Endergebnissen (Information) da – jeweils streng organisiert, durchkalkuliert und kontrolliert. Beide können als Hardware angesehen werden, um einen modernen Ausdruck zu benutzen, auf dem Software läuft, ein Programm immer wieder sklavisch-genau ausgeführt, ein Algorithmus abgearbeitet wird. Babbage merkt zur Entstehungsgeschichte seines Buchs *Über die Ökonomie der Maschinerie und der Manufaktur* aus dem Jahre 1832, das die Berechenbarkeit des Arbeitsprozesses behandelte, an: »Der vorliegende Band kann als eine der Konsequenzen angesehen werden, die sich aus der *Calculation Engine* ergeben haben, deren Konstruktion ich so lange beaufsichtigt habe.«[10]

Die Anwendung des Babbage-Prinzips hatte gleich zwei dramatische Auswirkungen: Auf der einen Seite erhöhte sie die Produktivität in historisch einmaliger Weise und begründete damit einen globalen Wohlstandsschub, wie ihn die Welt noch nicht gesehen hatte. Zugleich führte die Spezialisierung der Tätigkeiten zu zunehmender Ohnmacht der einzelnen Arbeiterinnen und Arbeiter – und einem Zugewinn an Kontrolle über den Arbeitsprozess durch das Management. Marx betont bereits ausführlich die doppelte Wirkung der Arbeitsteilung als Produktivkrafthebel einerseits und Managementknute andererseits, wenn er schreibt: »Die Maschinerie wird mißbraucht, um den Arbeiter selbst von Kindesbeinen in den Teil einer Teilmaschine zu verwandeln.«[11]

Die kapitalistische Arbeitsteilung formt nicht nur die Arbeitsprozesse, sondern auch die Arbeiter selbst und ihr Lebensumfeld gleich mit. Speziell das Babbage-Prinzip induziert eine beeindruckende Bandbreite an Hand- und Kopflangern (Bertolt Brecht), vom bestbezahlten Spezialisten bis zum ärmsten Hilfsarbeiter. Das Babbage-Prinzip triggert die Herausbildung von Fraktionen der Arbeiterklasse, mit je spezifischer Entlohnung, Lebensstandards und daraus abgeleiteten proletarischen Subkulturen. Die »feinen Unterschiede« (Pierre Bourdieu) in der

Lebenswelt der Arbeiterklasse finden hier ihren Ursprung. Auch heute noch findet das Babbage-Prinzip Anwendung in der Industrie, als Folge finden sich in der bundesdeutschen Metallindustrie ganze zehn unterschiedliche Lohngruppen, geordnet nach Komplexität der Arbeit, auf die sich die Tarifparteien geeinigt haben: Von Lohngruppe I (»Arbeiten, die nach kurzfristiger Einarbeitungszeit und Unterweisung ausgeführt werden«) bis Lohngruppe X (»hochwertigste Facharbeiten, die überragendes Können, völlige Selbstständigkeit, Dispositionsvermögen, umfassendes Verantwortungsbewusstsein und entsprechende theoretische Kenntnisse voraussetzen«) reicht die Skala.[12] Hinter solcherlei Klassifizierungsprosa verstecken sich nicht nur erhebliche Unterschiede in der Bezahlung, auch bezüglich Lebensstil und sozialem Status liegen zwischen Angehörigen der Lohngruppe I und der Lohngruppe X Welten.

Nicht nur die Fabrik musste erst etabliert werden als Ort, an dem die kapitalistische Arbeitsteilung sich entfalten kann, auch den Ausführenden im Arbeitsprozess des Kapitals mussten vorindustrielle Gewohnheiten ausgetrieben werden. Der freie Lohnarbeiter, der Vertrags- und Bewegungsfreiheit genießt und den lebendigen Rohstoff des industriellen Kapitalismus darstellt, fiel ja nicht vom Himmel. Der Übergang zum formal freien Arbeitnehmer geschah in der Frühzeit des Kapitalismus keinesfalls schlagartig und schon gar nicht gewaltfrei. Karl Marx widmet der gewaltsamen Entwurzelung ganzer Bevölkerungen, um sie hernach in den Fabriken ausbeuten zu können, ein ganzes Kapitel in seinem Hauptwerk *Das Kapital*; er bezeichnet diesen Prozess als »ursprüngliche Akkumulation«. Nicht zufällig siedelte sich z. B. die Textilindustrie in England bevorzugt in der Nähe von Gefängnissen, Arbeits- und Waisenhäusern an. Der Wirtschaftshistoriker Sidney Pollard betont diesen Aspekt: »Das moderne Industrieproletariat wurde weniger durch attraktive Angebote oder monetäre Kompensation angeworben und in seine Rolle eingeführt, als vielmehr durch Zwang, Gewalt und Angst.«[13] Neue Rollen mussten erfunden, geübt und schließlich internalisiert werden – eine titanische Aufgabe für das Change Management zu Zeiten der Industrialisierung und gleichzeitig die Geburtsstunde einer durchaus militärisch geprägten Disziplin. Management kommt also erst mit der kapitalistischen Produktion so richtig auf. »Beim Arbeitsmanagement und der Arbeitsteilung geht es darum, neue Formen von Subjektivität, Autorität, Hierarchie und individuellen und kollektiven Seinsformen zu schaffen«, bemerkt der Arbeitshistoriker Gerard Hanlon.[14]

Die Ausdifferenzierung der Arbeiterklasse in besser und schlechter Verdienende hat auch eine geschlechtliche Dimension. Das normale Bild in vielen Industriebetrieben war lange Zeit der männliche Vorarbeiter oder Ingenieur und weibliche Fließbandarbeiterinnen, z. B. in der Textilindustrie. Arbeitende Frauen waren immer schon einem mehr oder weniger offen diskriminierenden Lohnregime ausgesetzt, auch die Gewerkschaften hielten lange Zeit die Logik vom »schwächeren Geschlecht« aufrecht und erwiesen sich auch hier als Co-Manager der kapitalistischen Arbeitsteilung. Erst 1988 konnten die Tarifpartner dazu gezwungen werden, die sogenannten »Leichtlohngruppen« abzuschaffen. Der Kampf gegen unterschiedliche Bezahlung, Behandlung und Eingruppierung von Frauen und Männern hält bis heute an.

Ein weiterer Effekt für geschlechtsspezifische Diskriminierung ist der Familienlohn. Angehörige besserverdienender Lohngruppen verdienten genug, damit ihre Ehepartnerinnen zu Hause bleiben konnten – die Teilklasse der Facharbeiter leistete sich die bürgerliche Kleinfamilie, ein ganz und gar unproletarisches Konzept. Der Literaturwissenschaftler Patrick Offe, der die Entstehung des Proletariats und seiner Lebenswelt erforscht hat, hält fest: »Erst nach Durchsetzung des Familienlohns konnten die Frauen schließlich in die Privatsphäre der zunehmend sich verbürgerlichenden proletarischen Familien eingeschlossen werden.«[15] Auch heute noch ist z. B. aus Gewerkschaftskreisen zu hören, der Arbeitslohn müsse reichen, um die Familie zu ernähren.

»Acht Stunden arbeiten, acht Stunden Freizeit, acht Stunden Schlaf«, forderte der walisische Unternehmer und Frühsozialist Robert Owen Mitte des 19. Jahrhunderts. Hier zeigt sich dem Historiker Christoph Deutschmann zufolge eine Tradition der »Erhebung der Lohnarbeit zur ›normalen‹ Weise nicht nur der Existenzsicherung, sondern auch sinnvoller Lebensführung«. Seit 1918 gilt in Deutschland der Acht-Stunden-Tag, allerdings mit einer wesentlichen Einschränkung: »Das soziale Arrangement des Normalarbeitstages gilt nur für die Hälfte der Gesellschaft«,[16] diagnostiziert er. Auch derzeitigen Bestrebungen, einen neuen Normalarbeitstag einzuführen, haftet dieser historische Makel an. Die Soziologin Claudia Sorger: »Bis heute orientiert sich gewerkschaftliche Vertretungsarbeit am ›Normalarbeitsverhältnis‹ des Familienernährers.«[17] Und die geschlechtliche Arbeitsteilung hatte ihren entscheidenden Anteil nicht nur an der Erhaltung der Arbeitsfähigkeit, sondern auch des Arbeitswillens und -ethos des männlichen Teils der Familie, wie Eva Illouz betont: »Die Familie erzog und rüstete das Individuum zu der seelischen Entsagung, Selbstdisziplin und Kooperationsfähigkeit, die der kapitalistische Arbeitsplatz verlangte.«[18]

Die Wissenschaft von der Ausbeutung

Auf die Spitze trieb das Babbage-Prinzip erst Anfang des 20. Jahrhunderts ein Selfmademan aus den USA: Frederick Winslow Taylor. In den Stahlwerken von Bethlehem Steel entwickelte er seine »Prinzipien des wissenschaftlichen Managements«, so auch der Titel seines Hauptwerks. Er war – genau wie die agilen Revolutionäre auch – kein Akademiker, sondern ein Mann der Praxis. Er kannte die Arbeit in den Fabriken aus eigener Erfahrung, er fing als Lehrling an, schaffte es aber in nur acht Jahren, Chefingenieur zu werden. Der spätere Präsident der Taylor Society, Harlow S. Person, beschrieb ihn folgendermaßen: »Er war in Temperament, Ausbildung und Erfahrung ein Ingenieur-Executive, ein Macher.«[19] Heute stellen wir uns Taylor vielleicht als herzlosen Unmenschen, despotischen Schinder und tyrannischen Zwangscharakter vor – der nach ihm benannte Taylorismus genießt keinen allzu guten Ruf. Demgegenüber betont sein Mentor Person, er sei stets bemüht gewesen, nicht mit Druck vorzugehen, sondern zu überzeugen, sein Team »mitzunehmen«.

Hatten sich Adam Smith und Charles Babbage noch mit der Einführung von Detailarbeitsteilung und der Überwindung traditioneller Arbeitsweisen aus der Manufaktur begnügt, ging es bei Taylor nun darum, die Art und Weise der Ausführung der verbliebenen Einzelarbeiten noch weiter zu optimieren. Ihm zufolge ging das Management in den Fabriken seinerzeit nach dem Prinzip »Zuckerbrot und Peitsche« vor. Mit einer Kombination aus Anreizen und Strafen versuchte es, mehr aus den Arbeitern herauszupressen – ohne jedoch die Arbeitsabläufe im Detail zu kennen. »Die allen alten Managementsystemen zugrundeliegende Philosophie macht es zur Pflicht«, erklärt Taylor, »dass jeder Arbeiter die letztendliche Verantwortung dafür trägt, seine Arbeit so zu erledigen, wie er es für richtig hält, mit vergleichsweise wenig Hilfe und Rat von Seiten des Managements.«[20]

Diese Ausgangslage erschien ihm aus zwei Gründen nicht zielführend: Einerseits belässt sie es bei einem unhinterfragten Informationsvorsprung der Arbeiter im Hinblick darauf, wie lange die Verrichtung der Arbeit tatsächlich dauert, und andererseits fand er die Situation unnötig konfrontativ. Demgegenüber war er überzeugt, dass es für jeden Arbeitsablauf eine einzige optimale Art und Weise gebe, ihn auszuführen, die zudem auf eine für alle Beteiligten nachvollziehbare und überprüfbare Art und Weise experimentell zu bestimmen sei – das ist das Wissenschaftliche am *scientific management*, die *one best way*, die es für jede Arbeit herauszufinden gilt. Einmal ermittelt, müsse sie nur noch durch das Management rigoros durchgesetzt werden, und das anstehende Optimierungsproblem wäre damit ein für allemal erledigt, Konflikte bis hin zu Arbeitskämpfen daraufhin obsolet.

Taylor ging bei der Implementierung seiner neuen Methoden folgendermaßen vor: Am Anfang stand die Analyse des Arbeitsprozesses durch das Management, das zum experimentierfreudigen Erforscher der idealen Bewegung werden sollte. In einem zweiten Schritt wurde jede Arbeit in kleinste Einzelschritte aufgeteilt, um diese dann nach Zeit und Bewegungsablauf zu optimieren. In einem letzten Schritt, den Braverman »Detailarbeitsteilung« nennt, wurde dann die Konsequenz aus der theoretischen Zerstückelung in einzelne Arbeitsschritte vollzogen, für die Taylor berühmt geworden ist: Sie wurden unterschiedlichen Personen zugewiesen.

Taylors wichtigste Neuerung bestand darin, die Aufgabe der Bestimmung der Ideallinie in der Produktion an das Management zu vergeben. Sie stellte eine radikale Negation der Expertise der Handarbeiter dar, die ja aus einer handwerklichen Tradition mit deren überlieferten Werkzeugen, Kunstfertigkeit und Geschick kamen. Diejenigen, die sich damit scheinbar am besten auskannten, die teilweise seit Jahrzehnten einer qualifizierten Tätigkeit nachgegangen waren und auf die Erfahrung von ganzen Generationen zurückgreifen konnten, wurden gar nicht erst gefragt. Die Ermittlung der einen idealen Art und Weise oblag exklusiv dem Management, das dadurch das alleinige Wissen über die Abläufe erhielt und einen doppelten Vorteil erzielte: Anstieg der Produktivität und Rückgewinnung von Kontrolle über den Arbeitsprozess – und damit über die Arbeiterschaft selbst. Harlow S. Person schreibt anerkennend: »Binnen weniger Jahre hatte er eine Managementtechnik entwickelt, die in ihrer sachlichen Grundlage und Reichweite effektiver war als jede andere – in Bezug auf ihre Produktivität als auch was die Arbeitsbeziehungen angeht.«[21] Die Arbeitsteilung war zur Wissenschaft geworden.

Taylor kann durchaus als Erfinder der Task gelten, des einzelnen Handgriffs, der nur noch ein Bruchstück des Gesamtprozesses ist, und für dessen Ausführung keinerlei Fachwissen erforderlich, dieses sogar hinderlich ist. »Das wohl prominenteste Einzelelement im modernen wissenschaftlichen Management ist die Idee der Task«, schrieb Taylor. Durch sie werde nicht nur festgelegt, was zu tun ist, sondern auch, wie und in welcher Zeit. »Jeder Mann erhält […] vollständige schriftliche Anweisungen, in denen die zu erledigende Task detailliert beschrieben wird.«[22] Ihr ausführendes Organ weiß gar nicht mehr und soll auch gar nicht wissen, zu welchem Gesamtprozess es welchen Beitrag leistet, ob am Ende ein Kühlschrank oder ein Buch rauskommt. Auch einer der größten Förderer von Taylor, der Erfinder des Fließbands, Henry Ford, hielt nichts von Arbeitern, die selber dachten, was z. B. in folgendem Zitat zum Ausdruck kommt: »Warum bloß bekomme ich immer, wenn ich ein paar starke Hände benötige, gleich ein Hirn mitgeliefert?«[23]

Nicht nur die Obsession für die Aufteilung in kleinste Arbeitshäppchen hat Taylors *scientific management* mit agilen Methoden gemeinsam. Auch die Bestimmung der richtigen *pace* wird geradezu obsessiv rationalisiert: Ist die optimale Bewegung gefunden, wird anhand eines Normalarbeiters bestimmt, wie schnell und mit wie vielen Pausen sie durchgeführt werden kann, ohne dass die Arbeitenden langfristig Schaden nehmen. Ist diese einmal bestimmt und ebenso die Geschwindigkeit und Frequenz, mit der sie auch auf lange Sicht ohne Schäden durchgeführt werden kann, dann ist das Ideal gefunden. Das ist Taylors *sustainable pace*. Beim agilen Management läuft dies etwas anders ab: Hier ist es das Team selbst, das, gekoppelt an ein digitales System der Messung, Überwachung und Kontrolle, seine eigene Durchschnittsgeschwindigkeit bestimmt.

Shoshana Zuboff, als Autorin von *Überwachungskapitalismus* (2019) zu einiger Prominenz gelangt und hervorragende Kennerin der US-amerikanischen Arbeitsorganisation, betrachtet Taylors dreistufigen Abstraktionsprozess aus der Perspektive der Informationsverarbeitung: »Zuerst wurde das implizite Wissen des Arbeiters gesammelt und durch Beobachtung und Messung analysiert. Zweitens bildeten diese Daten zusammen mit anderen systematischen Informationen zu Werkzeugen und Materialien den Grundstein für eine neue Arbeitsteilung innerhalb der Fabrik. [...] Drittens erforderte das neue System eine Reihe spezifischer Kontrollmechanismen, um die Regelmäßigkeit und Intensität der Bemühungen sicherzustellen und gleichzeitig den Managern und Planern weiterhin die für die Anpassung und Verbesserung erforderlichen Daten zur Verfügung zu stellen.«[24] Aus ihrer Perspektive wird den Arbeitern Information entzogen, mit weiteren verfügbaren Informationen kombiniert – Erkenntnisse aus der Wissenschaft etwa – und daraus ein Plan entwickelt, der die dergestalt gesammelte Produktionsintelligenz in sich konzentriert und die Arbeiter als hirnlose Hüllen übrig lässt. Zum Schluss kommt der Überwachungsaspekt, für den sie Spezialistin ist: Die Maschinerie muss mit den nötigen Rohstoffen und Daten gefüttert werden, um einen reibungslosen Ablauf zu gewährleisten, ganz wie in einem Algorithmus. Charles Babbage hätte das auch so gesehen, und auch Taylor träumte von einer Algorithmisierung der Produktion, wenn er von seiner Methode schwärmt als Sammlung »einer großen Masse an traditionellem Wissen, um es dann aufzuzeichnen, zu tabellieren und in vielen Fällen schließlich auf Gesetze, Regeln und sogar mathematische Formeln zu reduzieren«.[25]

Mit anderen Worten: Aus dem Wissen der Vielen, der Schwarmintelligenz der geschickten und betriebsamen Proletarier, wird der eine einzige Algorithmus des Kapitals, dieser wird in die Hand des Managements gelegt, worauf es ihn als *set of rules*, als minutiös ausgearbeitete Liste an penibel zu befolgenden Schritten wiederum an diejenigen zurückspielt, die zu seiner Erstellung ursprünglich beigetragen hatten. Diese haben von nun an ausschließlich zu gehorchen und ohne zu denken ebendiesen Algorithmus abzuarbeiten, ganz wie ein Computer, dem ein Programm eingespeist wird. Durch das Prinzip der Trennung von Konzeption und Ausführung werden die Arbeiterinnen zum »animierten Werkzeug des Managements«, schreibt Robert Franklin Hoxie, profunder Kenner des Taylorismus.[26] Der Mensch wird zum Rädchen im Räderwerk der industriellen Maschinerie, »moderne Zeiten« (Charlie Chaplin) sind angebrochen!

Algorithmische Gorillas

Seine Arbeiter verglich Taylor bisweilen mit Gorillas, wahl-
weise bezeichnete er sie als »trainierte Affen«, verwahrte sich
aber gleichwohl gegen den Vorwurf, ein »*nigger driver*« (etwa:
Sklaventreiber) zu sein, obschon er seine Methoden in einem
zutiefst rassistischen Umfeld entwickelte. Die ungelernten Arbeiter, die er auf die für ihn typische Weise in offener, geradezu derber Art ansprach, kamen oft aus dem ländlich geprägten
Süden nach Detroit und in die großen Städte. Auf der Flucht
vor dem Rassismus der Südstaaten und auf der Suche nach
Lohnarbeit waren sie, deren Großeltern noch »richtige« Sklaven gewesen waren, in die Fänge von Taylors Menschenversu-
chen geraten. Das gewaltsame Hineinpressen in das System
der Lohnarbeit in der Fabrik wiederholte sich hier fast ein
Jahrhundert später. Dennoch war das *scientific management*
nicht direkt rassistisch, sondern ein System, das »dem *race management* [etwa: Management, das Herkunfts- und ethnische
Unterschiede ausnützt] tendenziell feindlich gegenübersteht«,
schreibt der Soziologe David Roediger.[27] Auch wenn Taylor oft
von bestimmten Nationalitäten und ihren Vorzügen und Nach-
teilen sprach, war er doch kein Anhänger ethnisch homogener
Arbeitergruppen, er setzte lieber auf Vereinzelung und den
Wettbewerb aller gegen alle. Gruppenidentitäten waren ihm
suspekt, er stellte sogar gezielt Afroamerikaner ein, um bestehende, ethnisch homogene Gruppen aufzulösen, womit er
sich durchaus Anfeindungen einhandelte.

Antonio Gramsci war einer der ersten, der über diesen
»Amerikanismus« nach Europa berichtete und davor warnte,
die »größte bisher zustande gekommene kollektive Anstrengung« zu unterschätzen, »mit unerhörter Geschwindigkeit und
einer in der Geschichte nie dagewesenen Zielbewusstheit
einen neuen Arbeiter- und Menschentypus zu schaffen«. Er
beschreibt Taylorismus und Fordismus als brutalstmöglichen
zynischen Versuch, »im Arbeiter die maschinenhaften und
automatischen Haltungen in höchstem Grad zu entwickeln, den

alten psycho-physischen Zusammenhang der qualifizierten Berufsarbeit zu zerreißen, der eine gewisse aktive Beteiligung der Intelligenz, der Phantasie, der Initiative des Arbeiters verlangte, und die produktiven Tätigkeiten auf den bloßen maschinell-physischen Aspekt zu reduzieren«, schrieb er im Gefängnis in Turin.[28]

Auch jenseits des Eisernen Vorhangs galten die Prinzipien des Duos Ford-Taylor, hier entstand eine Art geplantes tayloristisches Arbeitsregime in seiner sozialistischen Variante, mit dem Unterschied, dass hier die Bauleute gleichzeitig die Bauherren waren (Bertolt Brecht), die »trainierten Gorillas« (Frederick Taylor) gleichzeitig deren Dompteure, so jedenfalls die Selbstanalyse des sogenannten Realsozialismus, der doch nicht viel mehr war als die *dirty version* des Fordismus, der hässliche kleine Bruder des »Amerikanismus«.

Der Kybernetiker Norbert Wiener rückte Systeme, die den Menschen zu bloßen Arbeitsameisen degradieren wie die hierarchische Arbeitsteilung in der kapitalistischen Fabrik, gar in die Nähe des Faschismus. Er schrieb 1948 in seinem Klassiker *Kybernetik. Regelung und Nachrichtenübertragung im Lebewesen und in der Maschine*, sicherlich noch unter dem Eindruck des Zweiten Weltkriegs, über Leute wie Taylor und Ford: »Menschen dieser Art ziehen eine Organisation vor, in der alle Information von oben kommt und keine zurückgeht. Die ihnen unterstehenden Menschen werden herabgewürdigt zu Effektoren für einen vorgeblich höheren Organismus. [...] in meinen Augen ist jede Verwendung eines Menschen, bei der weniger von ihm verlangt und ihm beigemessen wird, als ihm entspricht, Herabsetzung und Verschwendung.«[29]

Eine heute verschüttete Denktradition scheint hier auf, eine Kritik der Arbeit, die diese als grundlegend unmenschlich und menschenunwürdig brandmarkt. Die Kritik am Kapitalismus richtete sich – sowohl in seiner reformerischen, sozialdemokratischen, als auch in seiner leninistischen und realsozialistischen Variante – bald nur mehr auf Fragen der Verteilungsgerechtigkeit oder der Eigentumsverhältnisse. Geblendet von der ungeheuren Dynamik und dem nie gesehenen Wohlstand, der mit der großen Industrie und ihrem *scientific management* einherging, ließen diese Strömungen alle Kritik an der Maschinisierung und Rationalisierung von Mensch und Material fahren oder ließen diese gar hochleben. Wladimir Iljitsch Lenin bewunderte Frederick Taylor ausdrücklich, die deutsche Post der Kaiserzeit erschien ihm als beispielhafte Linienorganisation gleichermaßen vorbildlich zu sein für den Sozialismus, der letztlich zum Fabrikregime ohne Fabrikherren wurde. Den Raubbau an der Gesundheit und Würde der Arbeitenden in Kauf zu nehmen, hatte seinen Widerschein in der gleichen kompromisslosen Haltung gegenüber der natürlichen Umwelt. Hier wie dort galt: Schlote müssen rauchen, Hauptsache Arbeit!

00101101

Vom Fließband zur Agilität: Drei Revolutionen in der Automobilindustrie

Mehr als hundert Jahre ist es her, dass das erste Fließband bei Ford anlief und der Automobilbau seine erste Revolution erlebte, für seine Erfindung hatte sich der »Mussolini aus Detroit« übrigens von den gigantischen mechanisierten Schlachthöfen in seiner Heimatstadt inspirieren lassen.[1] Und mit Frederick Winslow Taylors Methoden schien die *one best way* für das Management der am Fließband Arbeitenden gefunden. Massenprodukte eroberten die Welt, und das Versprechen, zumindest in der nördlichen Hemisphäre, nie gekannten Wohlstand für breite Schichten zu ermöglichen, symbolisierte vornehmlich ein Produkt: das Auto. Das Paradigma hielt sich bis in die 1970er Jahre, als sich eine zweite Revolution in der Automobilindustrie anbahnte.

Die japanische Automobilindustrie war am besten aus der Absatzkrise der 1970er Jahre herausgekommen, günstige und zuverlässige japanische Autos eroberten den Weltmarkt. Insbesondere Toyota stach mit Effizienz in der Produktion und Qualität seiner Produkte hervor, und die (Auto-)Welt fragte sich, wie sie das nur geschafft hatten. Über die Jahre hatten die japanischen Manager und Ingenieure (in der Literatur finden sich mal wieder keine Frauen) ein neues Produktionssystem entwickelt, das Taylors in die Jahre gekommenes Modell ablösen sollte. Das Toyota Produktionssystem (TPS) wartete mit drei wesentlichen Neuerungen auf: *just in time*, Arbeit in selbstverantwortlichen Gruppen sowie die Vermeidung von *waste*. Materialien wurden unmittelbar vor ihrer Montage direkt an die

Produktionslinie geliefert, wodurch die Lagerhaltung minimiert wurde. Das ist gängige Praxis bis heute: LKWs fahren bis in unmittelbare Nähe des Montagebandes, wo ihre Ladung, z. B. Räder oder Achsen, entladen und sogleich montiert wird, ohne erst zwischengelagert zu werden.

Kleinen Produktionsteams kommt beim Toyota Produktionssystem zentrale Bedeutung zu, sie sollen in die Lage versetzt werden, eigenverantwortlich Entscheidungen zu treffen und Änderungen in ihrem Bereich vorzunehmen, ohne die gesamte Befehlsstruktur durchlaufen zu müssen, um dadurch schnell auf Probleme reagieren zu können. Neue Rollen und Verantwortlichkeiten werden eingeführt – neben den Teammitgliedern gibt es jeweils einen *team leader*, sogenannten *group leaders* wiederum unterstehen mehrere Teams. In einer Broschüre von Toyota aus dem Jahr 2010 wird das *teamplay* folgendermaßen beschrieben: »In der gesamten Fertigungslinie wird die Qualität überwacht, wobei jedes Teammitglied für die Durchführung von Qualitätskontrollen verantwortlich ist, bevor es seine halbfertigen Erzeugnisse an die nächste Station weitergibt.«[2]

Ein weiterer Punkt im TPS ist die Vermeidung von *waste*: Verschwendung in all ihren Spielarten muss unbedingt vermieden werden. Einer der Erfinder des TPS, Taiichi Ōno, betont in seinem 1978 erstmals in Japan erschienenen Buch: »Das wichtigste Ziel des Toyota-Systems war die Erhöhung der Wirtschaftlichkeit der Produktion durch konsequente und gründliche Beseitigung jeglicher Verschwendung.«[3] Und die bereits zitierte Toyota-Broschüre stellt klar: »Die großen Produktivitätsgewinne, die sich aus dieser Managementtechnik ergeben, resultieren nicht aus einer stärkeren Anstrengung der Arbeitnehmer, sondern aus der Beseitigung von Verschwendung – Verschwendung von Arbeits- und Maschinenzeit durch Verzögerungen bei der fehlerhaften Anwendung, Fehlschlagen der Mengenabstimmung und so weiter.« Hier wie da ist dabei immer die Verschwendung aus der Perspektive des Kapitals gemeint, nicht etwa aus ökologischer, gesellschaftlicher oder Produzentensicht. Das Paradigma der Vermeidung des Überflüssigen ist allerdings keineswegs neu, sondern zieht sich durch die Geschichte des Managements hindurch. Schon Taylor »verachtete die Verschwendung von Arbeitsanstrengungen, gleichgültig ob diese aus bewusstem Selbstschutz oder aus Ignoranz geschah«, merkt Shoshana Zuboff an.[4] Auch bei den agilen Methoden unserer Tage wird die Vermeidung von *waste* in den Rang eines Gebots erhoben, predigt doch das zehnte Prinzip des *Agilen Manifests* »die Kunst, die Menge nicht getaner Arbeit zu maximieren«.

Weitere Elemente, die das Toyota Produktionssystem in die Fließbandproduktion einführt, sind Kaizen, *Five Whys* und PDCA. Kaizen ist eine Philosophie der kontinuierlichen Verbesserung, nach der jeder Mitarbeiter, vom Vorstand bis zum Assistenten in der Werkstatt, an der Verbesserung der Geschäftspraktiken beteiligt sein muss. *Five Whys* (Fünf Warums) ist ein Prinzip, das bei der Fehlersuche zur Anwendung kommt: Den Ursachen von Problemen soll durch intensives Fragen und Nachforschen auf den Grund gegangen werden, anstatt sich mit oberflächlicher Behebung zufrieden zu geben. PDCA (*plan – do – check – act*) wiederum steht für eine Handlungsweise in vier Schritten: Planen, Ausführen, Überprüfen, Handeln. Teams sollen diesen Zyklus immer wieder durchlaufen und so systematisch Lösungen für Aufgaben und Probleme erarbeiten, sie implementieren und ihren Erfolg überprüfen – so entsteht ein Feedback-Loop, in dem der Output auf den Input rückgekoppelt wird.

Lean Production

Ōnos Buch war bereits 1978 in Japan veröffentlicht worden, es dauerte allerdings noch zehn Jahre, bis die US-amerikanische Ausgabe auf den Markt kam. Im Vorwort dieser Ausgabe schrieb Mike Rother, der wesentlich zur Popularisierung des TPS im Westen beitrug, für das Toyota Produktionssystem entscheidend sei insbesondere das Ideal »kontinuierliche[r] Verbesserung«.[5] War bei Taylor eine einmalige Prozessoptimierung vorgesehen, für deren Weiterentwicklung kein Anlass bestand, gibt es im TPS keine *one best way* mehr bzw. diese muss immer wieder neu überprüft und weiterentwickelt werden. Richtig populär wurde das TPS im Westen allerdings erst durch eine 1990 veröffentlichte Studie des Massachusetts Institute of Technology (MIT), deren Autoren in den 1980er Jahren die japanische Automobilindustrie untersucht hatten. Die Wirtschaftswissenschaftler James Womack, Daniel Jones und Daniel Roos prägten gleichzeitig den fortan im Westen gebräuchlichen Namen für TPS: Lean Production. Die MIT-Studie erschien 1992 auch auf Deutsch unter dem Titel *Die zweite Revolution in der Automobilindustrie* und war bei Automanagern und der Zulieferbranche lange Zeit Pflichtlektüre.[6] Bereits einige Jahre zuvor hatten Hirotaka Takeuchi und Ikujiro Nonaka über neue Managementmethoden in der japanischen Autoindustrie in der *Harvard Business Review* geschrieben: »Unternehmen erkennen zunehmend, dass der alte, sequenzielle Ansatz zur Entwicklung neuer Produkte einfach nicht zum Erfolg führt. Stattdessen wenden Unternehmen in Japan und den Vereinigten Staaten eine ganzheitliche Methode an: Wie beim Rugby wird der Ball innerhalb der Mannschaft weitergegeben, während sie sich als Einheit auf dem Feld fortbewegt.«[7] Hier taucht zum ersten Mal die Figur aus dem Rugby auf, die ihren Namen später einer der agilen Methoden leihen würde: Scrum. Lean Production (oder Lean Management, die beiden Begriffe werden weitgehend synonym verwendet) ist »seit mindestens den 1990er Jahren das international dominierende Referenzmodell für die Entwicklung industrieller Produktionssysteme« geworden, schreibt der Industriesoziologe Florian Butollo.[8]

Im Westen konzentrierte sich die Rezeption auf die Aspekte verminderter Lagerhaltung und optimierter Prozesse in der Produktion. Das Toyota Produktionssystem wollte aber weit mehr sein als das. »Ich bin sicher, dass es seine Stärke erst in der Anwendung als umfassendes Managementsystem offenbaren wird, weil es auf die heutige Ära globaler Märkte und computerisierter Informationssysteme zugeschnitten ist«, bekräftigte sein Erfinder. Õno erklärt die Ära der Massenproduktion für beendet, es gelte, die Prinzipien von Fordismus und Taylorismus hinter sich zu lassen, von nun an müssten »Käufer mit individuell verschiedener Persönlichkeit« befriedigt werden.[9] Mit dem TPS sollten der Abschied von der Massenproduktion und das Ende des Ford-Produktionssystems eingeläutet werden; viele sprachen in der Folgezeit auch vom Toyotismus.

Würden die neuen Methoden nur kleinteilig zur Prozessoptimierung eingesetzt, seien auch nur marginale Verbesserungen zu erwarten, so Õno. Das ganze Unternehmen müsse *lean* werden, die schlanke Organisation das Ziel sein, eine Veränderung des *mindsets* stattfinden, *lean thinking* nennt Mike Rother diese Managementphilosophie.[10] Im Geleitwort zur deutschen Ausgabe von Õnos Bestseller schreibt der Automanager Eberhard Stotko: »Die Schlussfolgerung war, dass nicht irgendein einzelner Aspekt von Entwicklung, Produktion, Vertrieb oder Verwaltung für den nachhaltigen Erfolg verantwortlich war, sondern das dahinter stehende ganzheitliche Managementsystem.«[11] Der Fokus liege auf dem Ziel des schlanken Unternehmens mit wenigen Hierarchieebenen und kurzen Kommunikationswegen, eine Geisteshaltung wird beschworen, die von Führungskräften und Mitarbeitern gleichermaßen gelebt werden müsse.

Lean Production wurde von den Autoren, die den Terminus populär machten, sicher auch aus Marketinggründen als radikale Abkehr von Taylorismus und Fordismus gepriesen. Demgegenüber wurden schnell Stimmen laut, die das Toyota Produktionssystem eher als Weiterentwicklung des Fordismus sahen – schließlich wurde das Fließband keineswegs abgeschafft – und Lean Production nicht als Antagonismus zu tayloristischen Methoden der Arbeitsorganisation, sondern als deren Verfeinerung. Der Arbeitswissenschaftlerin und Expertin für *leane* Methoden in der globalen Autoindustrie Lu Zhang zufolge handelt es sich »im Wesentlichen um eine modifizierte Form von Taylorismus und Fordismus (wenn auch schlanker und flexibler), da Fließband, (standardisierte) Serienfertigung und Kapazitätsauslastung für das Paradigma der Lean Production zentral bleiben.«[12] Auch Butollo sieht Lean Production in der Tradition des Taylorismus, da sie nach wie vor die »strikte Einhaltung vorgeschriebener Betriebsstandards«[13] verlange.

Lean Production ist eine Erfindung aus Japan, aber auch im bevölkerungsreichsten Land der Erde, gleichzeitig der größte Binnenmarkt für Automobile und einer der größten Autoproduzenten, hinterließ das Toyota Produktionssystem seine Spuren: Die Volksrepublik China wurde 1949 gegründet, und die kommunistische Partei Chinas versuchte sogleich, Anschluss zu finden an die modernen Industrienationen. Anfangs kopierte China das Vorgehen in der Sowjetunion, das durch die vorrangige Entwicklung der Schwerindustrie, zentrale Planung und eine brachiale Variante des Taylorismus gekennzeichnet war. Spätestens mit der Kulturrevolution vollzog sich dann eine Abkehr vom sowjetischen Modell nachholender Modernisierung: Revolutions- und Staatsführer Mao Tse-tung rief Ende der 1950er Jahre zum »Großen Sprung nach vorn« auf und stürzte sich dabei auf Chinas Ressource Nummer eins, sein schier unerschöpfliches Reservoir an Arbeitskräften. Ende der 1970er Jahre erfolgte dann unter Deng Xiaoping die Errichtung kapitalistischer Sonderwirtschaftszonen wie Shenzhen, China fand Anschluss an den Weltmarkt, drängte mit industrieller Billigproduktion auf diesen und wurde zur Werkbank der Welt.[14] Seit etwa Ende der 1970er Jahre wurden *leane* Produktionsprinzipien und -praktiken wie kontinuierliche Verbesserung und Qualitätszirkel auch in China populär, Elemente des Toyota Produktionssystems wurden hier ab den 1970er Jahren übernommen, die *just-in-time*-Lieferung, computergestützte Produktionsplanung und die Kanban-Methode fanden Einzug in Chinas Autofirmen. Das japanische *leane* Modell kleiner Arbeitsgruppen konnte dabei an revolutionäre Traditionen in China anknüpfen.

In ihrer Untersuchung der chinesischen Adaption von Lean Management beschreibt Lu Zhang die Abkehr vom sowjeti-

Gruppenbereich für Arbeitspausen und *team building* nach der Arbeit[15]

schen hierarchischen Organisationsmodell und dem Taylorismus. Diese fand ihren Ausgangspunkt im Versuch, in den First Automobile Works (FAW), also den chinesischen Automobilfabriken in Staatseigentum, die Rolle der Erfahrung der Arbeiterschaft neu zu bewerten und deren Beteiligung zu fördern. »Einige dieser sozialistischen organisatorischen Hinterlassenschaften, wie das System der kleinen Arbeitsgruppen und die Beteiligung der Arbeitnehmer an Produktivitäts- und Qualitätsverbesserungen, haben überlebt«, schreibt Lu Zhang. »Das chinesische SWG-Schema [*small work group*, kleine Arbeitsgruppe] ähnelt dem japanischen Modell.« Den Teamleitern kommt dabei die Aufgabe zu, in Konflikten zu vermitteln und die Teilnahme an Produktivitäts- und Qualitätsverbesserungen unter den Teammitgliedern zu fördern. Das Management wird so vom Mikromanagement, der direkten Mitwirkung bei der Überwachung der Belegschaft, entbunden. »Insgesamt spielen das

SWG-System und die Teamleiter eine zentrale Rolle für den reibungslosen Betrieb des schlanken, flexiblen Produktionssystems. Sie haben sich als wirksame Strategie zur Kontrolle von Gefahren erwiesen, um jeden einzelnen Arbeitnehmer zu erreichen und direkte Konflikte im Bereich des Arbeitsmanagements in der Werkstatt zu entschärfen«, stellt Lu Zhang abschließend in ihrer Analyse fest. Das hört sich schon sehr nach der Rolle des Scrum Masters an!

Agilität in der Autobranche

Seit ein paar Jahren erlebt die Automobilindustrie einen neuerlichen Innovationsschub, was die Arbeitsorganisation angeht: Agilität steht auf der Tagesordnung. Dabei kann die Industrie an ihre Erfahrungen mit der Implementierung von Lean Production anknüpfen, findet sich in ihr doch eine ganze Reihe Prinzipien, die auch bei agilen Prozessen zentral sind: Die Vermeidung von *waste*, die Betonung eigenverantwortlicher Gruppenarbeit, perpetuiertes Qualitätsmanagement und kontinuierliche Verbesserungen stellen eindeutige Anleihen aus dem Ideenkatalog des Toyota Produktionssystems dar. Der Name einer der neben Scrum am weitesten verbreiteten agilen Methodenlehren kommt sogar aus der Lean Production: Kanban (japanisch für »Schildchen«) bezeichnet ein simples Stück Papier in einer Plastikhülle, eine Art Laufzettel, das zum zentralen Hilfsmittel zur Organisierung und Gewährleistung von *just-in-time*-Produktion wurde.[16]

Die Branche ist nach wie vor geprägt durch die Produktzyklen ihrer Fahrzeuge, üblicherweise dauert es fünf bis sieben Jahre, bis eine neue Modellpalette auf den Markt kommt – aus der Softwareperspektive eine halbe Ewigkeit. »Lange Planungszeiten, starre bürokratische Abläufe und Entscheidungsprozesse und mehrjährige Entwicklungszyklen kann sich angesichts der rasanten Veränderungsdynamik der Märkte und Technologien kaum ein Unternehmen mehr leisten«, schreibt der Soziologe Andreas Boes.[17] Das Produkt Auto wird sich – da sind sich die Branchenanalystinnen weitgehend einig – in den nächsten Jahren grundlegend verändern und zunehmend durch datengetriebene Services ersetzt, die »auf der Hardware laufen«, deren Eigenschaften, Hersteller und Marke dabei zweitrangig werden. Der weltweite Trend weg vom Autobesitz hin zu softwaregetriebenen Nutzungsmodellen zwingt die altehrwürdige und erfolgsverwöhnte Branche zum Umdenken. Die Unternehmen reagieren in doppelter Weise auf diese Herausforderung: Zum einen versuchen sie, ihre internen IT-Abteilungen, deren Bedeutung und Funktion sich radikal ändert, auf Agilität zu trimmen. Die Bedeutung der IT im Autosektor wird immer größer, und die Car-IT-Abteilungen werden damit zu Hoffnungsträgern der Unternehmen. Aus Inhouse-Zulieferern von eher zweitrangigen Komponenten, die zum Kernprodukt Auto nun einmal dazugehören, werden Schlüsselbereiche, deren Produkte zentral für die Wertschöpfung des Unternehmens werden. Gleichzeitig müssen die Unternehmen als Ganze agil werden, steht doch ihr Umbau vom »Blechbieger« zum Digitalkonzern auf der Tagesordnung – da steht eine Menge *change management* an.[18]

Spätestens 2015 ist der agile Trend auch bei Daimler angekommen: Kleine Teams, die eigenverantwortlich in kurzen Zyklen funktionierende Software ausliefern, sind mittlerweile angesagt, mitsamt den neuen Jobbeschreibungen aus dem agilen Werkzeugkasten. »Erfahrungen im IT-Projektmanagement und agilen Methoden, z. B. Scrum« finden sich mittlerweile genauso in den Anforderungsprofilen wie etwa »abgeschlossenes Studium der Informatik, der Ingenieurswissenschaften oder eines vergleichbaren Studienganges«.[19] Beim süddeutschen Premiumhersteller wird Software immer wichtiger, der Autokonzern will diese daher vermehrt inhouse entwickeln, statt sie extern zuzukaufen; die Softwareabteilungen werden personell aufgestockt. Jan Brecht, seit 2015 Chief Information Officer (CIO) bei Daimler, setzt bei der Softwareentwicklung durchweg auf agile Methoden: »Wir benötigen neue Prozesse, neues

Know-how und eine neue Denkweise, um mit der Geschwindigkeit der Digitalunternehmen mitzuhalten.« Stichwort Geschwindigkeit: Ebenfalls seit 2015 gilt bei Daimler die neue Strategie *twice as fast*: »Ich bin mittlerweile davon überzeugt, dass Geschwindigkeit nicht nur einer der ganz wesentlichen Erfolgsfaktoren in der IT ist, sondern fast schon eine Strategie an sich«, erklärt Brecht.[20]

Agilität bringt mehr Selbstverantwortung und neue Rollen mit sich, das ist z. B. auch bei Daimler so. »Rollen sind wichtig«, betont Sabine Scheunert, Vice President Digital & IT Sales, »das bedeutet bei uns im Konzern einen kompletten *mindset change*: unsere Mitarbeiter streifen die alte Rolle des internen Dienstleisters ab und reifen zu Product Ownern mit allen Verantwortlichkeiten und Freiräumen.« Auch das Element der Selbstverantwortung wird hochgehalten, und eine Start-up-Kultur inhouse simuliert, um mehr Wettbewerb zu erzielen: »Wir ernennen für jedes Produkt sozusagen eigene Mini-CEOs, um End-to-End-Verantwortung und Businessorientierung zu gewährleisten.«[21] In der digitalen Softwarefabrik soll »Inhouse Delivery wie am Fließband« erfolgen, die Metaphorik ist also durchaus noch industriell geprägt. »Die Teams müssen« – damit fängt so ziemlich jeder Gedanke an, wenn es um agile Transformation beim Traditionsunternehmen geht. Auch wird hier, anders als in der IT, wenig achtsam vorgegangen. Bezugnahmen auf Leistung und Geschwindigkeit sind notorisch für eine Branche, die auch für ihre Produkte kein Tempolimit kennt: Geschwindigkeit, auf die Tube drücken, *delivern, delivern, delivern.*

Daimler-Chef Ole Källenius kündigte im Oktober 2019 einen massiven Sparkurs an: 1.100 Manager sollten gehen. Dass es das Management trifft und nicht in erster Linie nur den *shopfloor,* liegt nicht zuletzt an der agilen Transformation selbst. Gerade die vielen Abteilungs-, Gruppen- und Ressortleiter (meistens Ingenieure, d. h. Männer), die es in der alten Linienorganisation zuhauf gibt, werden vor die Tür gesetzt. Brancheninsiderin Monika S. im Interview: »Viele sind einen

Titel, einen Status, einen Dienstwagen mit mächtig Hubraum gewöhnt, denen fällt es nicht leicht, plötzlich im Team mit allen anderen in einem Boot zu sitzen und ständig Ideen und Ergebnisse liefern zu müssen.« Wenn neue Managementmethoden in der Branche Einzug halten, werden viele Rollen neu definiert, und Posten entfallen schlicht. Sobald Agilität Einzug im Unternehmen hält, werden Status und Rang plötzlich unwichtig, gerade Führungspersonal tut sich schwer mit Gruppenarbeit, insbesondere, wenn individuelle Leistungen in Kreativprozessen nicht mehr klar zuzuordnen sind.

Auch Volkswagen will agil werden

Angesichts von so viel Agilität und Geschwindigkeit in Stuttgart mag auch der Konkurrent aus Wolfsburg nicht zurückstehen: Eigenständige Teams statt hierarchischer Übersteuerung sind auch beim VW-Konzern en vogue. Das war nicht immer so. Unter dem Ex-Chef Martin Winterkorn soll es sehr steile Hierarchien, geradezu Kadavergehorsam gegeben haben, wie sich im Zuge des Dieselskandals und des internen Umgangs damit offenbarte.[22] Am Standort Wolfsburg wurde 2017 ein auf agiles Arbeiten ausgerichteter Bürokomplex für rund 1.500 Mitarbeiterinnen und Mitarbeiter errichtet, der »Arbeitsinseln für Projektteams, Meetingpoints, voll vernetzte Konferenzräume sowie Rückzugsräume für konzentriertes Arbeiten« bietet. Der Autobauer setzt bei dem campusartigen Gebäude vermehrt auf agile Arbeitsmethoden: »Die Vorteile: Unbürokratische Abläufe, erhöhte Schnelligkeit und Verbesserung der Ergebnisse«, ist auf der Konzernwebsite dazu zu lesen. Und Karlheinz Blessing, ehemaliger Vorstand für Personal und IT im Volkswagen-Konzern, bekräftigt: »Die Arbeitswelt von morgen erfordert eine Führungs- und Unternehmenskultur, die auf Offenheit, Kreativität, Entscheidungs- und Diskussionsfreude baut.« Führungskräfte können sich auf »eine Definition der Ziele und die Priorisierung übergeordneter Aufgabenblöcke konzentrieren«, während eigenständig organisierte Teams alle Projektteilschritte selbstständig bearbeiten.[23]

Nicht nur in der IT, auch in anderen Abteilungen des Konzerns halten verstärkt agile Formen der Zusammenarbeit Einzug, etwa in der Forschung und Entwicklung oder beim Vertrieb. Für den Konzern insgesamt wegweisend dürfte das in Potsdam angesiedelte VW Design Center sein, eine eigenständige GmbH, in der agiles Arbeiten konsequent praktiziert wird. In der User-Experience-Abteilung arbeiten alle, auch die Chefin, in einem Raum, Eckbüros mit Vorzimmerdame gehören der Vergangenheit an. Scrum und Design Thinking gehören zu den hauptsächlich eingesetzten Methoden, alle drei Monate wird umgestellt und umgezogen. Die ca. 35 Mitarbeiterinnen und Mitarbeiter sind jung, international, hochqualifiziert und haben so gut wie keinen automobilen Background, viele besitzen nicht einmal einen Führerschein.

Volkswagen ist zudem seit Sommer 2019 das erste Automobilunternehmen, das für die Entwicklung der in seinen Fahrzeugen verwandten Software ein eigenes Vorstandsressort geschaffen hat, eine Entscheidung, die die Hinwendung zum Softwareunternehmen unterstreicht. Der neue Digital-Vorstand Christian Senger verkündete prompt: »Wir werden Software zur Kernkompetenz im Unternehmen machen.« Da kommen die kurzen Projektzyklen der agilen Methodenwelt gerade recht, denn: »Bei Software geht es [bezogen auf die Entwicklungszeiten] um Monate, manchmal um Wochen. Wir brauchen ein neues Grundmodell, in dem wir viel mehr Software selbst programmieren, die Standards setzen und eigene Architekturen entwickeln.«[24] Mit anderen Worten: Auch VW will mit der Unterstützung agiler Methoden zur digitalen Plattform werden. Das *Handelsblatt* schreibt anerkennend: »Software wird immer wichtiger – und Volkswagen will die Hoheit darüber behalten, um nicht zum Anhängsel großer IT-Konzerne wie Apple oder Alphabet zu werden.«[25]

Volkswagen-Chef Herbert Diess ist überzeugt, »dass die Zeit klassischer Automobilhersteller vorbei sei«[26], Volkswagen müsse sich vom reinen Autohersteller zum Tech-Konzern wandeln. Seit er im April 2018 Chef von Volkswagen wurde, drückt der Wolfsburger Autobauer aufs Tempo und bündelte die gesamte Softwareentwicklung in einer neuen Gesellschaft, die Software für alle Marken entwickeln soll. Anfang 2020 ging die Ausgründung der »Car.Software.org« (CSo) an den Start, ihr Chef wurde Björn Goerke, vormals Chief Technology Officer (CTO) bei Europas größtem Softwareunternehmen SAP und dort zuständig für deren Cloud Platform. Für die neue Softwareunternehmung wird eine Personalstärke von 10.000 Mitarbeiterinnen und Mitarbeitern angestrebt, erreicht werden soll dies durch die Integration bestehender Konzern-IT, aber auch durch Zukäufe funktionierender Einheiten und Firmen von außen.

Ziel der neuen Abteilung ist die Produktion eines Betriebssystems VW.OS, das konzernweit auf allen Fahrzeugen laufen soll. Christian Senger: »Wir wollen Volkswagen deutlich stärker hin zum Software-getriebenen Automobilkonzern entwickeln, um langfristig Wertschöpfung im Unternehmen zu sichern.« Ein eigenes Betriebssystem, eine eigene Cloud-Architektur sei dafür essenziell. Senger betont, dass diese Neuausrichtung ohne Veränderungen in der Arbeitsorganisation nicht möglich sein werde: »Wer mehr Software selbst entwickeln will, kann das nicht mit Prozessen des Maschinenbaus tun. Unsere Car.Software-Organisation ist deshalb voll auf die Bedingungen einer agilen Software-Entwicklung ausgerichtet.«[27]

Wie schwer das werden wird, zeigt schon der Name der neuen Sparte. Automobil, elektronische Datenverarbeitung, Organisation – gleich drei Großbegriffe, in denen die Deutschen generell als stark gelten, wurden in den neuen Namen gepresst, und allein am holprigen *wording* der Kompromissformel sind die Machtkämpfe um Zuständigkeiten, die hinter den Kulissen abgelaufen sein dürften, zu erahnen – damit das Wortmonstrum nicht zu sehr nach automobiler Linienorganisation klingt, wurde das Ganze halbgar ins Englische übersetzt und mit einer Notation zusammengeklebt, die wohl an diejenige von Internet-Domains erinnern soll. Auch die das neue Unternehmen begleitende werbliche Botschaft klingt nicht gerade frisch: »Smartphones auf vier Rädern« sollen künftig vom Band rollen, heißt es.[28] Das erinnert an Diess' Vorvorgänger Martin Winterkorn, der auf der Volkswagen Group Night am 15. September 2015 verkündete: »Bis Ende des Jahrzehnts machen wir jedes unserer neuen Autos zum rollenden Smartphone!« Einen Tag später brachte die kalifornische Umweltbehörde den Dieselskandal ins Rollen, der VW bis dato 23 Milliarden an Strafzahlungen eingebracht hat. Winterkorn musste gehen.

In der Zwischenzeit musste auch IT-Vorstand Senger schneller wieder gehen, als ein Sprint dauert: Nach nur zwei Wochen an der Spitze der offiziell am 1. Juli gestarteten Car.Software.org war schon Schluss: Gründe waren vor allem Probleme bei der Software des Modells ID3, mit dem der Konzern den Massenmarkt für Elektroautos erreichen will und das im Herbst 2020 zunächst mit unvollständiger Software ausgeliefert werden muss. Darüber hinaus passt Diess' Elektro- und Softwarestrategie längst nicht jedem bei VW, insbesondere nicht den sogenannten Arbeitnehmervertretern. Diess selbst wurde im Sommer von Gesamtbetriebsratsvorsitzenden Bernd Osterloh zurückgepfiffen und teilentmachtet, die Tageszeitung *Die Welt* hält den mächtigen IG-Metall-Mann gar für den »wahren Herrscher über den Volkswagen-Konzern«.[29]

Neben den Digitalkonzernen ist in erster Linie Tesla, der größte Elektroautohersteller der Welt, Vorbild für die Autokonzerne. Dabei tickt Tesla selbst eher wie ein Digitalkonzern als wie ein Autobauer, sein Chef Elon Musk verdiente mit dem Onlinebezahlservice Paypal seine ersten Millionen. Tesla hat ein ganzes Ökosystem um die Fahrzeuge errichtet, inklusive eigener Ladeinfrastruktur. Die Fahrzeuge sind in erster Linie Bestandteile einer digitalen Plattform. Tesla ist auch der erste Autohersteller, der zusammen mit einem Auto ein Softwarebetriebssystem bereitstellt, das zu *over-the-air*-Updates fähig ist, ein Konzept nutzergetriebener Innovation, das bei Smartphones gang und gäbe ist. Tesla-Kunden sind – ganz wie in der Welt digitaler Plattformen – gleichzeitig User, Kunden und Versuchskaninchen. Und Teslas Produkte sind mehr als nur Produkte: Indem sie nämlich während der Nutzung durch die Kundinnen und Kunden ihrerseits Daten generieren, die die Grundlage für neue Produkte darstellen, die das Unternehmen also profitabel machen kann – als Dual Use bezeichnet der Soziologe Peter Schadt diese doppelte Funktionsweise von Produkten, die gleichzeitig als Produktionsmittel fungieren.[30] Tesla liefert ganz ungeniert Betaversionen aus, auf dass die Fahrzeuge dann im laufenden Betrieb durch Feedback der Nutzer verbessert werden können, die verbesserten Versionen stehen dann als Updates zum Download bereit.

Bei der Entwicklung des Mittelklassemodells Model 3 wurde selbst bei der Hardware weitestgehend auf Tests verzichtet. Elon Musk erklärte, die Erfahrungen der Vorgängermodelle genügten, um direkt zur Produktion überzugehen und die »finalen Tests den ersten Benutzern zu überlassen«.[31] Das Überspringen des Betatests wäre für einen traditionellen Autohersteller Selbstmord, nicht jedoch für Tesla. Tesla ist auch Pionier beim Einsatz agiler Methoden über die Softwareentwicklung hinaus. Tesla hat ein *Agile Car Development Framework* entwickelt und die Prinzipien der agilen Entwicklung auch auf die Produktion übertragen: »*Extreme manufacturing* – agile Entwicklung für Fabriken« lautet das Stichwort.[32]

Wir sind ja nicht zum Spaß hier

Die Fabrik war lange Zeit der Standardrahmen für die Umsetzung kapitalistischer Produktion. Hier konzentrierte sich die Belegschaft, hier konstituierte sich das Proletariat und ließ den Acker und die Werkstatt als paradigmatische Orte mühsamer Handarbeit hinter sich. Im Zuge der Industrialisierung wurden nicht nur die Manufaktur, sondern auch andere Bereiche der Gesellschaft nach dem Vorbild des Fabrikbetriebs umgebaut: Auch die Verwaltungen wurden zu wahren Organisationsfabriken, »Betriebe zur Herstellung verbindlicher Entscheidungen« nennt sie der Systemtheoretiker Niklas Luhmann.[1] Als Theoretiker der modernen bürokratischen Organisation gilt insbesondere Max Weber. In der Managementliteratur erscheint Weber geradezu als ein Fan von Bürokratie, großen Organisationen und subjektlosen Herrschaftsgebäuden, die persönliche Abhängigkeiten durch hierarchische Systeme ersetzen. Weber war allerdings Anwalt, Historiker, Ökonom, Philosoph und Soziologe – alles, bloß kein Managementexperte. »Diese Disziplin gab es in seiner Welt überhaupt nicht«, betont Stephen Cummings in seiner Kritik des Mainstream-Managementdiskurses und hält fest: »Webers grundlegende Einsicht ist nicht, dass Bürokratie großartig ist, sondern seine kontingente Sicht darauf, dass bestimmte Organisationsmodi spezifische Kontexte widerspiegeln.«[2]

Max Weber hat mit dem Begriff des kapitalistischen Geistes einen vieldiskutierten Begriff geprägt. Er benennt damit die innige Verbindung, die seiner Ansicht nach »das moderne Wirtschaftsethos mit der rationalen Ethik des asketischen Protestantismus« eingeht.[3] Die Reformation habe eine Neuorientierung des Glaubens mit sich gebracht, die Verwirklichung des Christenmenschen sei nunmehr auf die Ausübung eines weltlichen Berufs sowie beruflichen Erfolg und Fleiß bei der Arbeit konzentriert; diese wird zur vorrangigen Christenpflicht. Webers These vom protestantischen »Geist des Kapitalismus« als Geburtshelfer des modernen Kapitalismus gehört heute zum Standardkanon der Soziologie. Die verblüffende Verknüpfung von Religiosität mit der ach so nüchternen Ökonomie der Moderne hat gleichwohl eine lange ideologiekritische Tradition. Schon Marx wusste, dass die Lieblingspersona der bürgerlichen Ideologie, der *homo oeconomicus*, in Wahrheit zutiefst abergläubisch ist und alles andere als vernünftig handelt. Der kühl kalkulierende, nur auf seinen Vorteil bedachte Geldbesitzer bzw. Warentauscher ist mitnichten der Ausbund an Rationalität, den uns die BWL weismachen möchte, sondern ein Warenfetischist, lässt er sich doch von toten Gegenständen, denen er selbst magische Kräfte andichtet, an der Nase herumführen. Insofern ist der Kapitalismus immer auch eine religiöse Angelegenheit.

Das Ethos des Projekts

Ende der 1990er Jahre nahmen sich der Soziologe Luc Boltanski und die Ökonomin Ève Chiapello Webers These noch einmal vor. Sie konstatieren zunächst, Weber habe herausgefunden, dass »der entstehende Kapitalismus ein neues geistiges Verhältnis der Menschen zu ihrer nunmehr als Berufung bestimmten Arbeit vorausgesetzt habe«.[4] Daraufhin stellten sie sich die Frage: Gilt diese Beobachtung ausschließlich für den entstehenden Kapitalismus, oder ist sie vielleicht auch darüber hinaus im entwickelten Kapitalismus gültig? Und falls diese Frage zu bejahen wäre, wie haben sich im Laufe der Zeit die Rechtfertigungslogik, die Werte und Ziele, mit einem Wort: der

Geist des Kapitalismus verändert? Schon mit dem Titel ihres 1999 zunächst auf Französisch erschienenen Hauptwerks *Der neue Geist des Kapitalismus* beantworteten sie die erste der beiden Fragen positiv. Nicht nur bei der Entstehung des Kapitalismus, so ihre These, habe die protestantische Ethik als Geburtshelferin, Rechtfertigungsrahmen und ideologischer Motor gedient, auch für den entwickelten Kapitalismus sei ein solcher Geist wirkmächtig, und zwar als »Gesamtheit der ethischen Motivlagen, die, obwohl sie letztendlich der kapitalistischen Logik fremd sind, die Unternehmer in ihrem Handeln zugunsten der Kapitalakkumulation leiten«.[5]

Für Boltanski und Chiapello ist der Geist des Kapitalismus »eine Ideologie, die das Engagement für den Kapitalismus rechtfertigt«. Dieser sei notwendig sowohl für die Legitimierung als auch für die Stabilisierung des jeweiligen historischen Akkumulationsregimes.[6] Ein »neuer Geist des Kapitalismus« habe sich entfaltet, so die beiden Franzosen, der den alten abgelöst habe, für den ein protestantisches Arbeitsethos zentral und der zudem durch Treue zum Unternehmen und Einordnung in Hierarchien geprägt war.

Sie detektieren einen grundlegenden Wandel des kapitalistischen Geistes seit Webers Zeiten: Der postindustrielle Kapitalismus warte mit seiner ganz eigenen Rechtfertigungslogik auf. Im neuen Geist sehen die beiden die Werte der 1968er verwirklicht: »Autonomie, Spontaneität, Mobilität, Disponibilität, Kreativität, Plurikompetenz, die Fähigkeit, Netzwerke zu bilden und auf andere zuzugehen, die Offenheit gegenüber anderem und neuem, die visionäre Gabe, das Gespür für Unterschiede, die Rücksichtnahme auf die je eigene Geschichte und die Akzeptanz der verschiedenartigen Erfahrungen, die Neigung zum Informellen und das Streben nach zwischenmenschlichem Kontakt.«[7] Die Organisationsform dieses neuen Kapitalismus, und darin besteht Boltanskis und Chiapellos Hauptthese, ist das Projekt, das die Fabrik als Ort der Kapitalakkumulation ablöst. Ging es bei Weber noch um die Ablösung persönlicher Abhängigkeiten durch moderne, unpersönliche Machtstrukturen, so steht im

Zeitalter des neuen Geistes ein weiterer Wandel an, der neue Rechtfertigungslogiken, Managementkulturen und dergleichen sowohl erfordert als auch bedingt.

Mit der Ablösung der Fabrik als zentrales Paradigma der Managementkultur und der Arbeitsorganisation durch das Projekt geht ein Zurücktreten der Bedeutung fordistischer industrieller Arbeit für den Kapitalismus einher. Aus Arbeitern und Angestellten in festen Abteilungen mit steilen Hierarchien werden in der Projektwelt Teamer mit wechselnden Rollen und Aufgaben. Aus festen Jobbeschreibungen werden wechselnde Rollen in sich ablösenden Projekten. Da »Projekte ihrem Wesen nach durch einen Anfang und einen Abschluss definiert werden, folgt ein Projekt auf das andere, löst ein Projekt das andere ab«.[8] Das langfristige Ansammeln von Verdiensten, Status und Respektabilität ist nicht mehr möglich: Du bist immer nur so gut wie dein letztes Projekt.

Komplettiert wird die Projektorientierung noch durch den Siegeszug der Kompetenz, in die Eigenschaften eines Mitarbeiters und seines Leistungsvermögens eingehen. Glaubt man dem Bildungsexperten Gunter Dueck, muss ein Mitarbeiter heute mehr können als ein Abteilungsleiter in den 1980er Jahren.[9] »Digitale Kompetenz wird zur Kernkompetenz quer durch alle Branchen«, verkündet auch der Branchenverband Bitkom in seiner Studie »Arbeiten 4.0«. Traditionelle Bewertungsmaßstäbe wie Ausbildung, Titel, Betriebszugehörigkeit, Alter treten demgegenüber in den Hintergrund. Egal, ob die Arbeitsteams nun aus mehreren Mitarbeiterinnen oder nur aus einer einzigen bestehen, sie brauchen »keinen Vorgesetzten, sondern einen Trainer«, schrieben die Wirtschaftsgurus Michael Hammer und James Champy 1993.[10] Den Effekt der Projektorientierung auf die Projektleute beschreibt die Arbeitssoziologin Ursula Huws folgendermaßen: »Auch wenn sie angeblich Angestellte sind, fühlen sich hochqualifizierte Entwickler zunehmend nur so gut wie ihr letztes Projekt. Jedes Mal müssen sie sich neu beweisen; zusätzliche Stunden aufbringen, zusätzliches Engagement zeigen und den schwierigen Spagat meistern zwischen einerseits zeigen, dass sie ein guter Teamplayer sind, und andererseits auf ihre individuelle Brillanz aufmerksam machen – alles, um sicherzustellen, dass sie fürs nächste Team ausgewählt werden.«[11]

Der Umgang mit Kritik

Entscheidend für die erfolgreiche Etablierung eines neuen Geistes und die damit einhergehende Neuerfindung des Kapitalismus ist Boltanski und Chiapello zufolge ein Mechanismus, den sie die Integration von Kritik nennen. Der Kapitalismus vermag Kritik systemisch zu integrieren, adäquat auf sie zu reagieren, sich gar Elemente selbiger einzuverleiben, und letztlich verändert, gestärkt aus diesem Prozess hervorzugehen. Boltanski und Chiapello bezeichnen diesen Vorgang als Rekuperation, eine Anleihe, die sie bei Guy Debord nehmen, der diesen Begriff geprägt und den gleichnamigen Mechanismus erstmalig aufgezeigt hat.[12] Zwei Hauptsträngen von Kritik war und ist der Kapitalismus dabei ausgesetzt, betonen die beiden. Auf der einen Seite steht die »Sozialkritik«, damit ist in erster Linie die Kritik an den gesellschaftlichen Missständen im Kapitalismus gemeint, die Ausbeutung anprangert, Klassenunterschiede betont und typischerweise von Seiten der Linken und der Arbeiterbewegung formuliert wird. Die zweite Art der Kritik, die der Kapitalismus neutralisieren müsse, um zu überleben und erfolgreich zu bleiben, sei die »Künstlerkritik«, die exemplarisch von der Bohème formuliert und gleichzeitig vorgelebt wird: Diese beklage die Betäubung der Menschen durch Massenkonsum, deren Gleichschaltung durch Massenmedien, den Verlust an Individualität und Authentizität in einer entfremdeten Welt aus stupider Arbeit und idiotischem Konsum – Guy Debord nennt dieses Szenario die Gesellschaft des Spektakels.

Der Wirtschaftswissenschaftler Oliver Nachtwey kennzeichnet in seiner Diskussion des neuen Geistes die Integration der »Künstlerkritik« als essenzielles Elixier der Verjüngungskur der neuen kapitalistischen Selbstrechtfertigungskraft: »Im Zuge der Krise des fordistischen und des Übergangs zu einem postfordistischen Akkumulationsregime ist es dem Kapitalismus gelungen, sich durch Inkorporierung von Motiven der Künstlerkritik von den Fesseln der Sozialkritik zu befreien und zugleich seine motivationalen und legitimatorischen Grundlagen zu erneuern.«[13] Der neue Managementdiskurs der 1990er Jahre reagiere auf diese Kritik, betonen Boltanski und Chiapello, und er vermöge, »Antworten auf die Entzauberungskritik zu bieten«, indem er das Individuum wieder stärker in den Vordergrund bringe und so letztlich eine neue Rechtfertigungsstruktur hervorbringe.[14] In einem Interview aus dem Jahr 2016 bilanziert Ève Chiapello: »In vielerlei Hinsicht bestand das Unterfangen der Unternehmensverantwortlichen darin, dass sie den Menschen gaben, was sie verlangten, um ihre neuerliche Involvierung in die Arbeit zu erwirken – was auf die Aussage hinausläuft, dass es der Erfolg der Künstlerkritik ist, der sie für den Kapitalismus weniger gefährlich machte.«[15]

Ein Beispiel für eine solche Entzauberungskritik stellt die digitale Bohème dar, die die beiden Autoren Sascha Lobo und Holm Friebe gegen Ende der Nullerjahre im Kontext des Booms um Blogs, Webdesign und digitales Unternehmertum ausriefen. »Intelligentes Leben jenseits der Festanstellung« war ihr Schlachtruf gewesen. Viele Elemente der »Künstlerkritik« an der grauen Angestelltengesellschaft fanden sich auch hier: Gegen starre Arbeitsregime wurde die Freiheit des Freelancers in Stellung gebracht, der selbstbestimmt agiert, kreativ und selbstbewusst ist, gleichzeitig keine Angst vor Risiken hat, seine eigenen Milestones setzt und diese auch erreicht, dabei kommuniziert, kontaktet und netzwerkt wie am Schnürchen.

Als weiteres Beispiel kann das Anfang der 1990er Jahre entwickelte Design Thinking gelten, eine Kreativitätsmethode, die interdisziplinäre Ideenwettbewerbe ausruft, als Mittel, um in Unternehmen Produktentwicklungsprozesse anzustoßen. Es soll alle Beteiligten ungeachtet ihrer Qualifikation, ihrer Rolle, ihres Berufs, ihrer Stellung in der Hierarchie in einem kollaborativen, spielerischen Prozess zu kreativen Leistungen anregen. Die Methode wurde von den Gründern der Design- und Innovationsagentur IDEO erfunden, in Deutschland hat vorrangig das Hasso-Plattner-Institut des namensgebenden SAP-Mitbegründers für deren Verbreitung gesorgt. Design Thinking ist in Start-ups populär geworden und durchaus verwandt mit den agilen Methoden. Der Soziologe Tim Seitz sieht diese Methode als Manifestation einer Künstlerkritik im Kontext des neuen Geistes, als »Reaktion auf Emanzipationsforderungen [...], die den Beteiligten einerseits neue Freiheiten einräumt, sie andererseits aber auf eine neue Weise unterwirft«. Mit den Idealen und der Lebensweise der digitalen Bohème, mit den Werten und Techniken des Design Thinking, seinen spielerischen Elementen, wurde ideologisch vorbereitet, was heute zum Mainstream von Arbeitsorganisation und Management gehört. Wie bei der Künstlerkritik der Bohème auch, kommt letztlich keine Befreiung zustande, sondern die Etablierung einer neuen Arbeitskultur, sie »treibt den alten Geist des Kapitalismus nur aus, um ihn durch den neuen zu ersetzen«, bilanziert Seitz.[16]

Arbeit, Spiel und Ernst

Angesichts des bitteren Ernstes der Arbeit sind schon viele auf die Idee gekommen, antagonistische Praktiken und Haltungen gegen ebendiese in Stellung zu bringen, ist doch Arbeit historisch, etymologisch und in der schieren Alltagspraxis meist immer noch monotone Schinderei, Verausgabung zum Gewinn anderer. »Das Recht auf Faulheit« forderte der Sozialist Paul Lafargue 1880 in seinem gleichnamigen Buch ein und forderte damit die auf ihre *conditio* stolze Arbeiterbewegung heraus. Seit den 1960er Jahren propagierten und praktizierten die Mitglieder der Situationistischen Internationale vielfältige spielerische Aktionen und Aktivitäten, die sie mit einer expliziten Arbeitskritik verbanden: »*Ne travaillez jamais!*«, lautet eine ihrer berühmtesten Parolen, »Arbeitet niemals!«

Spiel ist all jene soziale Aktivität, die um ihrer selbst willen praktiziert wird und zu jeder Zeit freiwillig geschieht – so die Definition des niederländischen Kulturhistorikers Johan Huizinga, der im Jahr 1933 dem Spiel seinen Einstand als hervorragendes Sujet der Kulturwissenschaften verschaffte.[17] Die in seinem Hauptwerk *Homo ludens* von 1938 herausgearbeitete These lautet, »daß Kultur in Form von Spiel entsteht«, der spielende Mensch ist es, der die Kultur erst schafft. Huizinga zufolge macht also nicht der Verstand, auch nicht die ökonomische Aktivität den Menschen zum Menschen, sondern die als Spiel und durch das Spiel erlangte Kulturalität. »In dieser Sphäre des heiligen Spiels«, hält er fest, »sind das Kind und der Dichter mit dem Wilden zu Hause.«[18] Die Wirtschaft mit ihrer Produktion und ihrem Tauschverkehr sieht er als Gegenpol: »Hier scheint ja von Anfang an zwingender, bitterer Ernst vorwaltend, Deckung des Bedarfs, Berechnung der Möglichkeit des Erwerbs«[19], notiert er eher despektierlich. Für Huizinga ist die menschliche Fähigkeit zu spielen bzw. die Bedeutung des Spiels in der Kultur verlorengegangen auf dem Weg in die Moderne – da ist er ganz kulturkonservativ: »Die moderne Kultur wird kaum noch gespielt.«[20] Der Medientheoretiker Knut Ebeling fasst Huizinga so zusammen: »Statt auf dem Typus des Spielers wurde die Kultur der Moderne auf dem des Arbeiters gegründet.« Und weiter: »Für Huizinga waren Arbeit und Produktion die Feinde jeder ausgelassenen Spielhaltung, die endgültig durch die industrielle Revolution vernichtet wurde.«[21]

Huizingas Thesen, aber auch die Arbeiten von Marcel Mauss und Claude Lévi-Strauss sollten in den darauffolgenden Jahren unseren Blick auf Tausch, Spiel, Ernst und Arbeit grundlegend verändern. In ihnen werden die kulturellen Praktiken des Potlatschs erstmalig beschrieben, die eine Verausgabungsökonomie zelebrieren, in der gegenseitige Überlegenheit ausgedrückt und um sie gefochten wird; eine Kultur der Gabe zeigt sich in unproduktivem Gebrauch, Verschwendung und Verausgabung. Huizinga beschreibt ihn wie folgt: »Der Potlatsch bildet eine großartige Manifestation des Wegschenkens aller Habe für die

Ehre und das Ansehen der Sippe, mit Verpflichtung der Rezi-
prozität.«[22] Der Potlatsch mit seiner Ökonomie der Gabe ist
denkbar weit entfernt von der uns zur zweiten Natur geworde-
nen Logik des Äquivalententauschs, der Waren- und Geldform.

Auch der Autor Georges Bataille war fasziniert von der maß-
losen Verausgabung, die dem rationalen Haushalten des *homo
oeconomicus* radikal entgegensteht. Seine ausführliche Rezen-
sion von Huizingas Rede, anlässlich ihrer Veröffentlichung in
Frankreich im Jahre 1951 erschienen, trägt den Titel »Sind wir
zum Spielen hier oder um ernst zu sein?«[23] Auch er spricht
von einer Welt, die das »genaue Gegenteil des Spiels ist: der
Arbeitswelt«. Bataille radikalisiert Huizinga an dieser Stelle,
bei ihm wird die Arbeit vollends zur Antagonistin des Spiels,
zur »spielverneinenden Tätigkeit«. Für den Medienphilosophen
Jean Baudrillard ist die Opposition von Spiel und »Arbeits-
wirtschaft« ebenfalls offensichtlich, auch er sieht »das Spiel in
radikaler Opposition zum Gesetz und zur Ökonomie«.[24]

Für Taylor war die Sache noch ganz klar: »Es gehört zum
gesunden Menschenverstand, Arbeitszeiten so zu gestalten,
dass die Arbeiter in der Lage sind, wirklich zu ›arbeiten‹ wenn
sie arbeiten‹ und zu ›spielen, wenn sie spielen‹, und nicht beides zu vermischen.«[25] Daran hat sich bis heute nicht viel geändert: Zumindest in den industriellen Betrieben und bürokratischen Organisationen wird Ernst gemacht. Im Fordismus,
unter dem Regime der Repetition, der genauen Kopie, der *one
best way*, das immer Gleiche zu tun – in diesem Kontext ist das
Spiel eine Gefahr, eine Bedrohung, und muss ausgemerzt werden, daher die vielen Sprichworte, die den Ernst des Lebens von
der Spielerei fein säuberlich trennen. Vor diesem Hintergrund
leuchtet es durchaus ein, das Spiel, zumal das gefährliche, hero-
ische, todessehnsüchtige, als antagonistische Praxis oder als
widerständige Illusion ins Spiel zu bringen.

Für »Kreative« galten allerdings schon immer andere Regeln. Der Fordismus hatte seinen Siegeszug um die Welt noch
gar nicht vollendet, da herrschte in den Forschungsabteilungen
der Konzerne, in den Werbeagenturen und Kreativabteilungen

ein anderes Regime. Von Claude Shannon, dem Wunderkind der Bell Labs in New Jersey, ist überliefert, dass er nicht nur jonglierte, sondern auch während der Arbeitszeit Einrad fahren lernte. »Das muss das Unternehmen einige hundert Mannstunden gekostet haben«, räsoniert ein ehemaliger Kollege von Shannon über die »Frivolität« in einem der innovativsten Forschungszentren der damaligen Zeit – die Rede ist von den 1940er Jahren.[26]

Im fordistischen Betrieb, in dem vorrangig »perfekte Kopien vorgegebener Blaupausen«[27] fabrikmäßig hergestellt werden, haben Spielelemente keinen Platz. In einer durch kreative, kognitive Tätigkeit geprägten Arbeitswelt allerdings nehmen sie breiten Raum ein, Gamification hat im Arbeitsalltag Einzug gehalten. Mit diesem Terminus wird die Übertragung bestimmter Aspekte von Spielabläufen oder -designs in nichtspielerische soziale Prozesse bezeichnet. Dabei werden oft Wettbewerbssituationen simuliert, um die Motivation zu erhöhen, durch Transparenz wird der Vergleich mit anderen ermöglicht: Alle Aktivitäten des Anwenders sollen zu einer sichtbaren Bewertung führen, am besten unmittelbar. Rankings geben Auskunft über das eigene Abschneiden, kleine Aufgaben (*quests*) müssen gelöst werden, Rückmeldung erfolgt über Punkte, Preise oder Belobigungen. Negatives Feedback ist zu vermeiden, der Anwender soll durch positive Rückmeldung zum Dranbleiben »gestupst« werden (*nudging*). Insbesondere in der sogenannten Kreativwirtschaft sind spielerische Prozesse in Hülle und Fülle anzutreffen, und der berüchtigte Tischkicker gehört zum Inventar von Start-ups wie die Stechuhr zur Fabrik. Auch bei den agilen Methoden finden sich zahlreiche Spielelemente, so etwa der *planning poker*, eine Art Kartenspiel, das zur Schätzung von Aufwänden für bestimmte Aufgaben eingesetzt wird. Auch Formate wie die Daily Standups, täglich im Stehen abgehaltene Teambesprechungen, bei denen oft bunte Klebezettel zum Einsatz kommen, erinnern eher an Kindergarten als an Fabrik – »Infantilisierung« ist ein oft genanntes Stichwort, wenn Kritik an agilen Methoden laut wird.

Auch in der Computergeschichte nehmen Spiele eine wichtige Rolle ein, und Gamification begleitet ihren Siegeszug. Bereits die Pionierin Ada Lovelace dachte über Freizeitanwendung von Rechenmaschinen als Musikautomaten nach, Konrad Zuse schrieb ein Schachprogramm in der von ihm selbst erfundenen Programmiersprache Plankalkül, und von den ersten militärisch genutzten Computern ist bekannt, dass dort, zumeist heimlich, gespielt worden ist. Als mit Windows 95 Spiele wie *Minesweeper* und *Solitär* ausgeliefert wurden, traten sie gleichzeitig aus der Schmuddelecke heraus und wurden buchstäblich Teil des Betriebssystems und zum festen Bestandteil des computerisierten Büroalltags. Dabei ist die Bedeutung von Spielen für die digitale Ökonomie unbestritten, die Spieleindustrie setzt Milliarden um, auch aus einem ernsthaften Kontext sind sie nicht mehr wegzudenken. So werden neue »Interaktionsdesign-Ideen [...] zuerst in Spielen getestet, durch Spiele populär gemacht und erst dann in ›seriöser‹ Software übernommen«, betont der Soziologe Janosch Schobin in einer Untersuchung. Er sieht das Spielerische gar als »wesentliches Strukturelement aller Digitalisierungsprozesse«.[28] Bedienung mit der Maus, Aktionen wie *Drag and Drop*, die Verwendung von Tastaturkürzeln für komplexe Anweisungen, die Simulation zwei- oder dreidimensionaler Welten – dies sind alles Designelemente, die in Computer- oder Konsolenspielen zum Einsatz kamen, lange bevor diese Elemente Anfang der 1990er Jahre Verbreitung fanden und damit den Personal Computer erst massenfähig machten. Auch die grafische Benutzeroberfläche, die heute Standard aller Nutzerschnittstellen in digitalen Geräten ist, ist Video- und Konsolenspielen entlehnt. Apple führte sie zuerst auf seinen Computern ein und gab damit Anlass für den Erfolg der PC-Revolution. Heute sind Websites, Nutzerschnittstellen und Softwareumgebungen weitestgehend als bunte Spielwiesen angelegt, es gibt zahllose Gamification-Aspekte, Spiellogiken mit Sachen zum Entdecken, geforderter Geschicklichkeit, Mikrozielen, heiterem Feedback durch das System und dergleichen.

In dem Maße, in dem die repetitive Bearbeitung des Materials, das kopierende »Informieren von Gegenständen« (Vilém Flusser) verdrängt wird durch kreative Tätigkeit, die neue Information schafft, kann auch das Spiel nutzbar und produktiv werden für das Kapital – die Knechte dürfen ab sofort spielen. Wenn Ebeling konstatiert, »Huizingas *play element* widersetzt sich beharrlich den Zweck- und Nutzanforderungen der Moderne«,[29] wird er von der generalisierten Gamification in der kognitiven Arbeitswelt falsifiziert. Das widerständige Potenzial des Spiels als Herausforderung gegen die Arbeit wird rekuperiert und als Kreativarbeit umdefiniert. Alexander Friedrich schreibt, dass »jegliches Spiel zugleich irgendeine Form von Mehrwertproduktion und jegliche Arbeit mehr und mehr Formen ihrer Ludifizierung aufweist – und sei es in Gestalt firmeninterner Highscores und *quests*«.[30] Einer Ludifizierung von Arbeit stehe eine Verarbeitlichung des Spiels gegenüber, beide werden sie immer schwieriger unterscheidbar. Aus seiner radikalen Spitze – Verausgabung, Schenkung, Hergeben, Tod, Unernsthaftigkeit, Ziel- und Maßlosigkeit – werden harmlose Kreativspiele: *planning poker*, Gamification, Kicker im Büro. Auch innenarchitektonisch hält ein naives Spielplatzdesign Einzug, statt des Fließbands gibt es nun Sitzinseln, Spielzonen und Kreativbereiche.

Hackerkritik

Das Industrieproletariat wurde, wie wir gesehen haben, in erster Linie vom Kapital selbst nach seinen Erfordernissen gestaltet und installiert, gleichzeitig wurde es nach Marx und insbesondere im Marxismus zu dessen Antagonisten, ausgestattet mit der historischen Mission, eben jene Verhältnisse aufzuheben, die es überhaupt erst geformt hatte. Versuche, im Zuge des Übergangs vom industriellen zum Digitalen Kapitalismus auch das Proletariat und damit das revolutionäre Subjekt neu zu verorten, sind zahlreich. Seit den 1970er Jahren gab es immer wieder Bestrebungen, das Proletariat neu zu bestimmen – angesichts der schwindenden Bedeutung der Industriearbeiterschaft einerseits und deren Versöhnung mit dem kapitalistischen System andererseits. Allen voran die Post-Operaisten Antonio Negri und Michael Hardt hatten mit ihrem Begriff der Multitude einen solchen Versuch unternommen, aber auch das Prekariat, das Kosmoproletariat oder die Klasse der Kognitivarbeiter fallen in diese Kategorie.[31]

Einen ähnlich gelagerten Versuch hat McKenzie Wark unternommen. In ihrem nur wenige Jahre nach dem *Agilen Manifest* veröffentlichten Hacker-Manifest behauptet die australische Medientheoretikerin, nicht mehr Arbeiter und Kapitalisten stünden sich gegenüber, sondern die Hacker den Vektoralisten. Die Vektoralistenklasse beschäftigt sich mit der »Extraktion dessen, was man Mehrinformation nennen könnte«, schreibt Wark in Analogie zur Mehrwertproduktion bei Marx, die durch die Ausbeutung lebendiger Arbeit im Produktionsprozess geschieht. Ihre Macht liege in der Monopolisierung von geistigem Eigentum – Patenten, Urheberrechten und Warenzeichen – sowie der Mittel zur Reproduktion der Kommunikationsvektoren.[32] Die Herrschenden in der »Netzwerkgesellschaft« seien nunmehr die Besitzer geistigen Eigentums, diejenigen, die die Verfügungsgewalt über Informationsvektoren ausübten, sprich die Fähigkeit, so Wark, Informationen zu übertragen, zu speichern und zu verarbeiten. Einen ähnlichen Gedanken formuliert Shoshana Zuboff in ihrer Analyse von User-Arbeit auf digitalen Plattformen: Sie sieht dort eine Extraktion von »Verhaltensüberschuss« am Werk und beschreibt – ebenfalls in Analogie zu Marx' Mehrwert – die unbezahlte Aneignung von »Mehrverhalten« auf den digitalen Plattformen der Digitalkonzerne.[33]

Die Gegner der Vektoralisten sind bei Wark die Hacker. Als »Hackerklasse« bezeichnet McKenzie Wark diejenigen, »deren Arbeit eher kognitiv als manuell ist, wie das bei einem Großteil der Arbeit in der überentwickelten Welt der Fall ist, und deren Arbeit Bestandteil der verallgemeinerten Kommodifizierung von Geistestätigkeit (*cognition*) geworden ist.«[34] Wir sollen uns diese allerdings nicht in ihrer Hollywoodversion als kriminelle Nerds vorstellen, denn sie orientierten sich eher an der ersten Generation Programmierer aus der Frühzeit des Silicon Valley, so Wark: »Die Apologeten der vektoralistischen Interessen wollen die semantische Produktivität des Terminus ›Hacker‹ ganz auf den Bereich der Kriminalität begrenzen, und zwar genau deswegen, weil sie sein abstrakteres und multiples Potenzial fürchten – sein Klassenpotenzial.«[35]

Wark attestiert ihnen, »ihre Leidenschaften verwirklichen« zu wollen, und betont eine »enge Affinität zur Geschenkökonomie« (Ökonomie der Gabe ist der vielleicht gebräuchlichere Ausdruck), ist der Hacker doch bereit, sich für sein Ziel – die Befreiung des Codes von seinen privatwirtschaftlichen Fesseln – zu verausgaben.[36] Und sie zitiert Asger Jorn, neben Guy Debord eines der bekannteren Mitglieder der Situationistischen Internationale, es ergebe sich im Zuge der Machtübernahme durch die Hackerklasse die Chance, »sich für die Dimensionen des Geschenks zu öffnen, seiner Anmut und Schönheit als zugleich Wertvolles und Kostenloses, Einmaliges und Gewöhnliches«.[37] Ganz analog zum Proletariat als Antagonist des (industriellen) Kapitals sieht Wark das kognitive Hackerproletariat als Gegenspieler des informationellen Kapitals, gleichermaßen ausgestattet mit einer historischen Mission, der Überwindung des Vektoralismus. Die Hackerklasse wird bei Wark zum revolutionären Subjekt, die Praxis des Hackens als anti-vektoralistische, revolutionäre Praxis gefeiert. Die Faszination für Gabe und Verausgabung teilt Wark mit früheren Ansätzen einer Entzauberungskritik am Kapitalismus, der Glaube an die systemsprengende Kraft des Nicht-Äquivalententauschs ist ungebrochen, wenn sie schreibt: »Doch [die Vektoralistenklasse] sieht sehr zu Recht im Geschenk eine Herausforderung nicht nur für ihre Profite, sondern für ihre Existenz überhaupt. Die Geschenkökonomie ist der virtuelle Beweis für die parasitäre und überflüssige Existenz von Vektoralisten als Klasse.«[38]

Sprints und Marathons für Hacker und Maker

Als hervorragendes Beispiel für eine solche Verausgabungspraxis kann der Hackathon gelten. Ein Hackathon (Kunstwort aus Hacken und Marathon) ist ein Programmiermarathon, eine Zusammenkunft von Hackern, Entwicklern, Codern, die sich zum Ziel setzen, in einem Zug und einer festgelegten Zeitspanne, beispielsweise 24 Stunden, eine fertige Software, Anwendung oder Programmierlösung zu erarbeiten. Am Ende soll ein lauffähiges Produkt stehen, insofern ist er dem Sprint bei agilen Methoden nicht unähnlich; oft wird die beste Lösung am Ende prämiert. Hackathons waren noch vor wenigen Jahren ein spezieller Wettbewerb für Progammiernerds, irgendwo zwischen LAN-Party und Kreativworkshop. Programmiererinnen treffen aufeinander, verausgaben sich, versuchen, einander mit der besten Lösung zu überbieten, ohne dafür eine Gegenleistung zu erwarten. Der Hackathon, als reines Spiel aus Freude am Coden zelebriert, ist wahrlich ein Potlatsch der Hackerklasse.

Ab Mitte bis Ende der 2000er Jahre verbreiteten sich Hackathons erheblich und wurden von Unternehmen und Risikokapitalgebern zunehmend als Mittel zur schnellen Entwicklung neuer Softwaretechnologien und zur Suche nach neuen Bereichen für Innovation und Finanzierung angesehen. Unternehmen setzten sie als Teambildungsmaßnahmen ein, sozusagen Weihnachtsfeiern für Tekkies, aber durchaus auch als kostenlose Ideenfabriken. Heute ist der Hackathon fester Bestandteil der Kreativitätschoreografie und des *team building* selbst in traditionellen Betrieben und Nicht-IT-Abteilungen. In der Autoindustrie schon lange eingesetzt, hat er sogar bei Banken Einzug gehalten.[39]

Seit 2005 organisiert Google unter dem Titel *Summer of Code* ein jährliches Programmierfestival. Der Name verweist unzweifelhaft auf den kalifornischen *Summer of Love* der Hippies Ende der 1960er Jahre. Timothy Leary prägte bei einer Hippiedemonstration im Golden Gate Park in San Francisco

1967 den Gegenkulturslogan schlechthin: »*Turn on, tune in, drop out*«. Bei Googles Version des *Summer of Love* kommen nicht mehr Hippies, Drogen, Musik und Drop-outs zusammen, sondern Hochbegabte, Nerds und *business angels* geben sich die Hand. Aus dem Sit-in ist ein Assessment Center geworden, dessen Motto »*Switch on, log in, roll out*« (»Schalt an, melde dich an, produziere«) lauten könnte.

Aus einer Undergroundveranstaltung, die nichtkommerzielle Ziele verfolgt, in der die Hackercommunity sich zum spielerisch-sportlichen Wettbewerb trifft, wird eine Leistungsschau – einem modernen Sklavenmarkt nicht unähnlich –, die es Unternehmen ermöglicht, Talente zu entdecken, kostenlos Ideen abzuschöpfen und innovativ zu bleiben. Die Verausgabung, die nicht wie einst beim ersten Marathonläufer mit dem Tod, aber doch mit der totalen Erschöpfung der Teilnehmenden endet, ist zur Leistungsschau verkommen und komplett in den betrieblichen Alltag integriert. Hackathons erinnern an die tödlich endenden Kampfspiele, die Georges Bataille so faszinierten, oder an Baudrillards Interpretation der Verkehrstoten als Opfergabe der Untertanen an die Adresse der Erbauer der Autobahnen, diesmal als Erschöpfungsopfer der Hacker an ihre Herren, die Vektoralisten.

Was die Hacker für Software, sind die Maker für Hardware. Spätestens seit den 1970er Jahren regte sich Widerstand gegen die Konsum- und Wegwerfkultur, die mit der Massenproduktion einherging; eine Bewegung entstand, die sich gegen die künstliche Verkürzung der Lebensdauer von Geräten und Nutzungsbeschränkungen bei Hardware und Software richtet. Sie fordert Einsicht in Baupläne, längere Lebensdauer von Geräten, die Möglichkeit, sie zu reparieren, und die Verwendung von standardisierten Teilen. Keine Praxis ohne Theorie, so auch in diesem Fall: Machen, Fabrizieren, Reparieren wird zum Politikum. So heißt es in einem Buch über die Maker-Bewegung mit dem Titel *Die Welt reparieren*: »Ein neuer Stil des Politischen ist in der Welt. Er besteht kurz und knapp gesagt darin, die Welt gemeinsam zu reparieren, also praktisch zu transformieren, zu wandeln, um sie zu einer Ökologie umzugestalten, in der man gerne lebt.« Bekanntlich hatte Karl Marx als junger Mann verkündet, die Philosophen hätten die Welt nur verschieden interpretiert, die österreichische Kulturtheoretikerin Elke Krasny ergänzt: »Es kommt darauf an, die Welt zu reparieren.«[40]

Was die Hackathons für Software, sind die Makeathons für Hardware: ursprünglich autonom organisierte Happenings, bei denen sich Interessierte treffen, um in kurzer Zeit und in mehr oder weniger selbstorganisierten Strukturen funktionsfähige Geräteprototypen zu entwickeln. Makeathons sind ebenso wie Hackathons Bestandteil einer Alternativkultur, die um Open Source, handwerkliche Arbeit und kollaborative Prozesse der Wissensaneignung kreist und sich durch Skepsis gegenüber akademischem Wissen und den Produkten der großen Industrie auszeichnet. Wie bei den Hackathons werden auch die hardwareorientierten Verausgabungshappenings zunehmend von Unternehmen organisiert, allen voran in der Autoindustrie. »Unternehmen haben nun begonnen, die Idee von Makeathons und die damit verbundenen Versprechen zu übernehmen«, schreibt die Technikhistorikerin Klara-Aylin Wenten.[41] Sie sieht die Makerbewegung in der Tradition der Entzauberungskritik und Makeathons als hervorragendes Beispiel für »die Anpassung oder Umnutzung oder Zweckentfremdung ursprünglich kritischer (emanzipatorischer) Praktiken durch den Kapitalismus«.[42]

China hat eine ganz eigene Tradition mit Makern, hat das Land doch mit der Periode des »Großen Sprungs nach vorn« bereits eine dezentrale Produktionsrevolution hinter sich. Vor über siebzig Jahren rief der »weise Führer Chinas«, Mao Tsetung, zu einer Graswurzelindustrialisierung auf. Gleich im ersten Jahr waren an die 600.000 Hinterhof-Hochöfen entstanden, die zum Symbol der Bewegung wurden, allerdings nicht in der Lage waren, qualitativ hochwertige Produkte in ausreichender Stückzahl zu generieren. Der Führer des chinesischen Maker-Heeres befürwortete anpackendes Learning on the Job, förderte Egalitarismus bei der Arbeit und schätzte akademische

Bildung und Fachwissen gering. Die Politik endete nach wenigen Jahren in einer Katastrophe, Arbeitskräfte fehlten in der Landwirtschaft, Hungersnot und ökologische Verwüstungen zwangen zur Abkehr vom chinesischen dritten Weg der Industrialisierung.[43]

Derzeit entdeckt China seine Makertradition wieder, diesmal geht es allerdings um die hemdsärmelige Hinterhofproduktion digitaler Geräte, Software und Geschäftsmodelle. In der Millionenmetropole Shenzhen ist eine ganz eigene Start-up-Szene entstanden, mit dem Segen der obersten Führung. 2015 stattete der chinesische Ministerpräsident Li Keqiang einem der ersten Makerspaces Chinas, Chaihuo, einen Besuch ab und zeigte sich tief beeindruckt von der neuen technologischen DIY-Bewegung. »Ein paar Wochen nach der Rückkehr des Ministerpräsidenten von seiner Shenzhen-Reise nach Peking kündigte er eine neue nationale Politik an, die auf die Schaffung von sogenannten ›Massen-Makerspaces‹ zielte, von ›massenhaftem Unternehmertum‹ und ›massenhafter Innovation‹«, berichtet die amerikanische Informatikerin Silvia Lindtner von einer Recherchereise in die Hinterhofwerkstätten von Shenzhen.[44] Der »*maker approach*«, so Lindtner, sei ideal geeignet, um eine Haltung des Selbst-Unternehmertums zu kultivieren und zu fördern, die wiederum innovatives Denken zu einem regelrechten Massenphänomen machen könne. Auch der Minister für Wissenschaft und Technologie, Wan Gang, beschwor den neuen Kurs, die neue Norm massenhaften Unternehmertums im selben Jahr auf einer Rede auf dem Shanghai Pujiang Innovation Forum: »Es ist die Möglichkeit für die Mehrheit, und nicht nur das Privileg der Wenigen, einen Lebenstraum zu verwirklichen.«[45]

China ist auf dem Weg, eine »Netzwerkgesellschaft« zu werden und verabschiedet sich Schritt für Schritt von fordistischen Produktions- und Lebensmodellen. Gleichzeitig propagiert die kommunistische Partei eine »neue Normalität«, eine radikale Hinwendung zu einem Modell, in dem eine Ökonomie des »Massenunternehmertums« mit der sie begleitenden Unsicherheit, Prekarität und Eigenverantwortlichkeit zur neuen gesellschaftlichen Norm wird. Makerspaces mit ihrer schnellen unbürokratischen Innovationskultur, die auf offene Software und Hardware setzt, werden von der chinesischen Führung hofiert, aber auch die Technologiepresse aus dem Silicon Valley feiert sie als »Hollywood für Maker«.[46]

Rekuperation

Eine weitere Entzauberungskritik kommt also aus dem Herzen des Kognitivproletariats unserer Tage. Sie findet in den Verausgabungsritualen der Hackerklasse – Hackathons und Makeathons – ihren praktischen Ausdruck. Das Hacker-Manifest kann als revolutionäre Kritik am Informationskapitalismus gelesen werden, es richtet sich insbesondere gegen proprietäre Software und deren Lizenzierung und Nutzungseinschränkung, die es als Verletzung der Hacker-Ethik ansieht. Lizzie O'Shea schreibt: »In Gestalt der proprietären Softwareindustrie fand die Hacker-Ethik ihren Widersacher«,[47] mit Microsoft und seinem Gründer Bill Gates als Inkarnation desselben. Auch das *Agile Manifest* lässt kein gutes Haar an starren bürokratischen Arbeitsmodellen, ist aber keineswegs radikal, sondern stellt eher die reformistische oder sozialdemokratische Variante dar. Gleichwohl können beide Manifeste als Kritiken am Kapitalismus gelesen werden, die – wie auch die von Boltanski und Chiapello ausgemachte Sozialkritik und die Künstlerkritik – diesen zur Reaktion zwingen.

In einer weiteren historischen Eingemeindungs-Volte vermochte das Kapital auch die Hackerkritik zu neutralisieren. Denn der Kampf der Hacker gegen proprietäre Software, symbolisiert durch das alte Feindbild Microsoft bzw. Bill Gates, ist längst entschieden, aber nicht im Sinne der Hacker: Die Vektoralisten in Gestalt der schon immer gegenkulturell geprägten Konzerne aus dem Silicon Valley haben die Kritik vernommen und sind mittlerweile selbst zu den größten Anwendern und Verfechtern von Open Source geworden, und zu Unterstützern, ja

Betreibern, von *knowledge*-Lagerstätten wie GitHub – nicht zuletzt, wie gezeigt, Microsoft selbst.

Die Vorteile offener Quellcodes, aktiver Communitys, offener Standards nutzen denjenigen am meisten, gegen die sie ursprünglich mal in Stellung gebracht worden waren: dem digitalen Kapital. Freie Software ist mittlerweile nicht nur Teil des Business as usual geworden, weit entfernt von ihren einst systemsprengenden Potenzialen, sondern zum Schlüsselfaktor des Digitalen Kapitalismus, und die Prinzipien freier Software wurden zu Kernwerten. Kostenlos und frei verfügbares, gemeinnütziges digitales Wissen ist eben auch vom Kapital selbst als Produktivkraft nutzbar – gleichfalls kostenlos, frei und nicht durch Lizenzen eingeschränkt. Die Digitalkonzerne sind paradoxerweise die größten Nutznießer desselben, obwohl dieses doch einst ausdrücklich gegen ihre Macht, ihre Monopole, ihr Rechtemanagement in Stellung gebracht worden war – ein beeindruckendes Beispiel für Rekuperation. Beide Kritiken werden durch das Kapital anerkannt, eingemeindet und neutralisiert, was vielleicht wenig überrascht. In Gestalt der agilen Methoden und der Umarmung von Open Source gleichermaßen neutralisiert es die Entzauberungskritik der Hacker und macht sie zugleich auf grandioser Skala für sich produktiv. Der *general intellect* selbst wird in den Dienst gestellt, und wieder einmal hat es der Kapitalismus geschafft, eine radikale Kritik anzunehmen, sie sich einzuverleiben und dadurch verändert und gestärkt aus dieser Umarmung hervorzugehen.

Wo ist bloß der Chef geblieben?

Das schöne Wort Management leitet sich direkt vom französischen *manège* ab, das im Deutschen als Manege geläufig ist. Hier werden für gewöhnlich Tiere »auf eine Art und Weise gezähmt und erzogen, dass sie auf Kommandos bestimmte Handlungen ausführen können« – schon etymologisch geht es hier also richtig zur Sache. Statt von Dressur sprechen wir, wenn es um Menschen bei der Arbeit geht, lieber von Human Relations, sanfter Führung und derlei Euphemismen mehr, dessen ungeachtet geht es beim Management aber schlicht um Zurichtung und Beherrschung der Arbeiterinnen und Arbeiter. Geradezu poetisch beschrieb der große marxistische Theoretiker Harry Braverman diese Aktivität: »Wie ein Reiter, der Zügel, Zaumzeug, Sporen, Zuckerstück, Peitsche und Training benutzt, um seinen Willen von Geburt an durchzusetzen, so ist der Kapitalist bemüht, mit Hilfe des Managements zu *kontrollieren*.«[1]

Kontrolle ist die wesentliche Funktion des Managements, das englische *control* beinhaltet dabei mehrere Bedeutungsebenen, die bei der Übersetzung ins Deutsche verloren gehen. Um Kontrolle im Sinne einer nachträglichen Überprüfung, wie z. B. bei der Ausweis- oder Qualitätskontrolle, geht es bei *control* gar nicht in erster Linie. *Control* beinhaltet namentlich die Überwachung von Prozessen in Echtzeit, wie z. B. bei Kontroll- oder Überwachungsmonitoren. *Control* bedeutet auch schlicht und einfach Ausübung von Herrschaft. »*Take back control*«, die Losung der *brexiteers*, forderte ja nicht die (nachträgliche) Prüfung wirtschaftlicher oder politischer Entscheidungen der Europäischen Union. Es ging – so jedenfalls die ideologische

Figur – vielmehr um die Wiedererlangung der Souveränität, um eine Überwindung der Abhängigkeit von der EU-Bürokratie, darum, die Zügel wieder in die Hand zu bekommen und in der globalen Arena zu alter Größe und Machtfülle zurückzufinden.

Der Begriff *control* verweist aber auch auf die Steuerung eines Prozesses oder einer Maschine und ist ein Schlüsselbegriff der Kybernetik, der Wissenschaft von den Regelungs- und Steuerungsprozessen. Der sowjetische Mathematiker Andrey Nikolaevich Kolmogorov definiert die Kybernetik als »Wissenschaft, die sich mit der Untersuchung von Systemen jeglicher Art befasst, die in der Lage sind, Informationen zu empfangen, zu speichern und zu verarbeiten, um sie zur Steuerung zu verwenden«.[2]

Unmittelbar nach dem Zweiten Weltkrieg hatten Norbert Wiener, Heinz von Foerster und andere die Disziplin begründet, die Wissenschaft von der *Kontrolle und Kommunikation bei Tieren und Maschinen*, so auch der Titel von Wieners Hauptwerk. Die enge Verwandtschaft von Steuerung (einer Maschine) und Herrschaft wird im Namen der Disziplin selbst deutlich – in Wieners eigenen Worten: Kybernetik »bedeutet die Kunst des Piloten oder Steuermannes, griechisch κυβερνήτης, lateinisch *gubernator*; der Stamm findet sich auch im englischen *governor*, das in der Ingenieurwissenschaft den Regler einer Maschine bezeichnet.«[3] Die Kybernetik ist eine weitere Disziplin, die sich ihre ersten Sporen mit Kriegsspielzeug verdient hat, etwa der Steuerung von Flugbomben, üppig finanziert vom militärisch-industriellen Komplex.

Nach dem Sputnik-Schock und angesichts drohender wissenschaftlich-technischer Überlegenheit des Sowjetblocks über den Krisen und Weltkriege verursachenden Kapitalismus war der Westen ideologisch in die Defensive geraten. Da kam die neue Metawissenschaft von Steuerung und Kontrolle gerade recht, sie lieferte die Blaupause und ideologische Rechtfertigung für einen Kapitalismus, der dank *feedback & control* zu einem ähnlich vernünftigen und krisenfesten System werden könne wie der Sozialismus. Stafford Beer, neben Wiener und von Foerster eine der prägenden Figuren der Kybernetik, brachte dies 1962 in seinem Hauptwerk *Cybernetics and Management* folgendermaßen zum Ausdruck:»Der Kontext, in dem man die gegenwärtige Entwicklungsphase der Kybernetik zu sehen hat, ist klar. Die hochindustrialisierten Gesellschaftssysteme des Westens müssen dem starken ökonomischen und moralischen Druck des Ostens standhalten.«[4] Kybernetisches Gleichgewicht durch Selbststeuerung entwickelte sich zum neuen Ideal, und die Kybernetik wurde selbst zur Waffe im Systemkonflikt.

Paradebeispiel für ein solches selbststeuerndes System ist ein Thermostat, ein einfaches Gerät, das die Temperatur in einem Raum konstant hält, indem es seinen Output, die aktuelle Temperatur, rückkoppelt auf den Input, und so die Heizleistung steuert. Anders ausgedrückt:»Die Zustände der Maschine hängen von den Zuständen der Maschine in der Vergangenheit ab.«[5] Das schrieb 1962 Georg Klaus, der Evangelist der Kybernetik in der DDR. Auch jenseits des Eisernen Vorhangs wurde die Kybernetik zur Modewissenschaft – allerdings mit zehn Jahren Verspätung.

Entscheidend für erfolgreiches Steuern ist geeigneter Informationsfluss, Informationen aus dem System selbst werden zur Steuerung verwendet und in dieses rückgekoppelt, um einen Feedback-Loop zu erzielen. Das Feedback, die positive (oder negative) Rückkopplung, die heutzutage in ihrer verballhornten Form als »Ich brauch« mal Feedback von dir« aus dem Büroalltag nicht mehr wegzudenken ist, wird erfunden. Der Feedback-Loop ist einer von *information & control*, Selbststeuerung ist das Ziel – ganz wie bei den agilen Prozessen unserer Tage. Stafford Beer formuliert den Anspruch folgendermaßen:»Die grundlegende Antwort der Kybernetik auf die Frage, wie das System organisiert werden soll, lautet, dass es sich selbst organisieren sollte.«[6] Das technikkritische Kollektiv Tiqqun lässt sich diesen Bären nicht aufbinden, es sieht die Kybernetik als *control*-Wissenschaft, als »*Herrschaftstechnologie* […], die sowohl die Disziplinierung als auch die

Biopolitik, sowohl die Polizei als auch die Werbung miteinander verbindet und zusammenschließt, also ihre ältesten Kinder, die heute bei der Ausübung von Herrschaft nicht mehr effektiv genug sind.«[7]

Das kybernetische Unternehmen

Die Kybernetik sieht den Geltungsbereich ihrer Erkenntnisse nicht nur auf Maschinen und Tiere beschränkt, sondern gleichfalls gültig für Menschen, Organisationen und Unternehmen. Als Pionier kybernetischer Unternehmensführung kann der exzentrische Brite Stafford Beer gelten. Auch er war geprägt von seinen Erlebnissen beim Militär, als Soldat der Armee beschäftigte er sich mit Statistik und dem Aufbau eines Radarüberwachungssystems. 1948 ging er in die freie Wirtschaft und wurde später Leiter des bedeutenden Forschungszentrums *Department of Operational Research and Cybernetics* der United Steel Companies Ltd. Im Jahr 1967 beschrieb er deren Programm folgendermaßen: »Wir brauchen Daten über das Unternehmen, nicht um seine Geschichte zu schreiben, sondern um es in die Zukunft zu steuern. Einzig aus diesem Grund verarbeiten wir Information.«[8]

Der Einsatz von Computern für das Management von Unternehmen in den 1960er und 1970er Jahren blieb allerdings seiner Meinung nach weit hinter seinen Möglichkeiten zurück: »Wir bedienen uns eines äußerst wirksamen Regelungsinstruments, das Anlaß geben könnte, das Unternehmen, seine Abteilungen und Funktionen von Grund auf zu reorganisieren, und kapseln es in ein überkommenes System ein.«[9] Er bemängelte, die Informationstechnologie werde immer noch eingesetzt, um bestehende Prozesse zu beschleunigen und zu automatisieren, statt umgekehrt die Prozesse auf die Potenziale der Maschinen hin auszurichten. Demgegenüber gelte es, das Unternehmen selbst radikal umzubauen und den Erkenntnissen der Kybernetik anzupassen. Im Nachwort zur zweiten Auflage seines Management-Ratgebers schrieb er 1968, zusehends frustriert: »Das Management wendete und wendet noch immer Verfahren an, die unter kybernetischen Gesichtspunkten untauglich sind.«

Da kam Anfang des Jahres 1971 ein Angebot aus Chile wie gerufen. Die frisch gewählte sozialistische Regierung unter Salvador Allende hatte den ehrgeizigen Plan aufgestellt, die Wirtschaft des Landes mit Hilfe von Computern zu planen. Die gesamte chilenische Volkswirtschaft sollte aus einem futuristisch gestalteten *boardroom* geleitet werden, Produktionskennzahlen aus den wichtigsten Betrieben über Telex eintreffen und in Echtzeit verarbeitet werden – ein sozialistisches Computernetzwerk namens Cybersyn (»*cybernetic synergy*«) sollte entstehen. Stafford Beer bekam die Leitung des Projekts angeboten, er sagte zu und begab sich schnurstracks ins revolutionäre Santiago de Chile – die einmalige Chance, seine kybernetischen Prinzipien auf eine ganze Volkswirtschaft angewendet zu sehen, konnte er sich nicht entgehen lassen. In der Rückschau schrieb er: »Eine Anwendung dieses gesamten Ansatzes auf die Management-Kybernetik wurde in Chile (1971–73) auf breiter Front realisiert.«[10]

Bestandteile von Cybersyn waren eine Modellsimulation der chilenischen Volkswirtschaft, einer Software zur Überprüfung der Produktionsleistung der wichtigsten Fabriken, eine Kommandozentrale und ein nationales Netzwerk von Fernschreibmaschinen, die mit einem Großrechner verbunden waren. Durch die tagesaktuelle Verarbeitung von Kennziffern aus ca. 600 Betrieben gelang tatsächlich so etwas wie eine kybernetische Regelung, die schnelle Reaktion auf Engpässe und Probleme erlaubte. Das Projekt existierte nur während der Präsidentschaft von Salvador Allende und kann gut und gerne als Pariser Commune der sozialistischen Kybernetik gelten – von vielen mythisch verehrt, vielleicht weil ähnlich früh und tragisch gescheitert. Denn der Versuch einer kleinen Truppe, mit dürftigen Mitteln eine computergestützte Planwirtschaft zu verwirklichen, endete bald, die Putschisten um Pinochet schlugen die »Kommunistenmaschine« zu Klump. Stafford Beer kehrte enttäuscht nach Großbritannien zurück: »Der letztendliche Sturz der Regierung von Präsident Allende war für mich eine ebenso traumatische Erfahrung wie für viele andere, die, obwohl sie nicht als Chilenen geboren wurden, Grund hatten, sich mit dem Leiden der Nation zu identifizieren«, schrieb er.[11]

Die zweite Phase der kybernetischen Steuerung des Gesamtunternehmens im Sinne Stafford Beers ließ dann doch noch eine Weile auf sich warten. Vieles deutet darauf hin, dass es sich beim derzeitigen Trend zum agilen Unternehmen um einen Versuch seiner Realisierung handelt. Nach einer Phase der Ausbreitung agiler Methoden »von unten«, die das *Agile Manifest* von 2001 eingeläutet hatte, versuchten Unternehmen in der Softwarebranche in einer Art zweiter Welle, die wir etwa ab 2010 verorten können, das Konzept der Agilität auf die gesamte Organisation auszuweiten. Dazu gehört zum einen, viele bereits agil arbeitende Teams miteinander zu vertakten bzw. zu synchronisieren, Stichwort: *agility at scale*. Vorreiter ist dabei neben anderen Microsoft: Seit 2011 implementiert der Softwarekonzern aus Redmond in seinen Entwicklungsabteilungen die Integration und Skalierung mehrerer Scrum-Teams, die an demselben Projekt arbeiten. Diese Organisationsform (*scrum of scrums*) zielt darauf ab, die Outputs der einzelnen Teams aufeinander abzustimmen, insbesondere in Bereichen, in denen es Überschneidungen gibt oder Abhängigkeiten existieren. Rund 4.000 Entwicklerinnen und Entwickler, die auf 500 einzelne Teams aufgeteilt sind, bilden den Kern von Microsofts Softwareentwicklung – und alle arbeiten im gleichen Takt.

Eine neue Rolle kommt ebenfalls ins Spiel, der »agile Manager« ist für die zusätzlich nötigen Abstimmungen zwischen den Teams zuständig. Zu dessen Aufgaben gehört dem Wirtschaftsautor Steve Denning zufolge, das richtige »Gleichgewicht zwischen Ausrichtung und Autonomie« der Teams zu finden und zu »erkennen, dass das Team das Produkt ist«. Der ehemalige Wissensmanagement-Programmdirektor der Weltbank sieht in *agility at scale* bei Microsoft »weniger ein riesiges Schlachtschiff als vielmehr eine Flottille von Schnellbooten« am Werk – militärische Bezüge sind vor allem in der amerikanischen Managementliteratur wahrhaft omnipräsent.[12]

Darüber hinaus erfolgt der Umbau des Gesamtunternehmens entlang den Erfordernissen der Arbeitsorganisation mit dem Ziel, von der operativen zur strategischen Agilität zu gelangen. Ziel ist das insgesamt agile Unternehmen, »in dem alles miteinander vernetzt ist, das hochgradig flexibel, aber doch ›wie aus einem Guss‹ funktioniert, in dem Wertschöpfungsketten global und über die Grenzen der Organisation hinweg ›systemisch integriert‹ werden und in dem Beschäftigte ›empowert‹ werden und mit hoher Eigenverantwortung handeln«, so der Arbeitswissenschaftler Andreas Boes.[13] In der agilen Organisation manifestiere sich, so drückt es wiederum der Kultur- und Managementtheoretiker Dirk Baecker aus, die »Philosophie eines agilen Managements, die zugleich auf einen hohen Grad der Vertaktung von Organisation und die Schaffung von Spiel- und Freiräumen setzt«.[14] Von Andrew McAfee wiederum stammt das Konzept Enterprise 2.0, das der US-amerikanische Autor und Digitalisierungsexperte um 2009 aufbrachte; auch hier geht es um den Umbau von Unternehmensstrukturen nach den Erfordernissen von Arbeitsorganisation und Kommunikationssoftware – Wikis, Blogs und virtuelle Teams ersetzen hier zunehmend hierarchische Strukturen.[15]

Mit *agility at scale* realisieren die Unternehmen das Stafford Beer'sche Ideal des kybernetischen Unternehmens, und die zweite Phase der Kybernetisierung wird eingeläutet, in der nicht mehr nur die Prozesse und Teams, sondern die Organisation selbst nach den Erfordernissen der Maschinerie geformt wird. In der agilen Organisation kann die Einstellung des Unternehmens (im Deutschen schön doppeldeutig: Zustand, Werte der eingestellten Schalter, Regler und Variablen oder die persönliche Einstellung im Sinne von Haltung) nun selbst kybernetisch werden. Beer: »Wir überlassen nun das autonome Regelsystem seiner Aufgabe der Selbstregulierung«, woraufhin sich das Management seiner eigentlichen Aufgabe widmen kann, der »bewußten Steuerung des Gesamtunternehmens«.[16]

Als Ereignishorizont wird in der Kosmologie eine Grenze im Raum-Zeit-Kontinuum bezeichnet, für die gilt, dass Ereignisse jenseits dieser Grenze für diesseitige Beobachtende prinzipiell nicht sichtbar sind. Auch beim Einsatz von Agilität gibt es eine solche Grenze, an der die Regeln von Agilität und Selbstbestimmung nicht mehr gelten. Hinter dem Ereignishorizont der Agilität steht wie eh und je die Chefetage in der digitalen Kommandozentrale. Im Jenseits des agilen Ereignishorizonts kann sie sich bequem zurücklehnen, die emsigen selbstgesteuerten Teams im Diesseits aus dem Augenwinkel beobachten und sich wichtigeren Dingen widmen als der kleinteiligen Steuerung. Oder, wie Stafford Beer wusste: »Die Firma führt sich eigentlich selbst, der Manager interveniert nur im Ausnahmefall«.[17]

Der alte und der neue Chef

Im agilen Arbeitsumfeld ist der klassische Projektmanager abgeschafft, demgegenüber werden Gruppenverantwortung und Selbststeuerung angestrebt. Das Gleiche gilt zunehmend auch für klassische Chefs und Abteilungsleiter: Im agilen Unternehmen sind sie zunehmend fehl am Platz (ein wenig ergeht es ihnen da wie den Chefinnen, die waren auch schon vorher nahezu inexistent), flache oder am besten gar keine Hierarchien werden angestrebt, das Management soll in den Hintergrund treten. »Hierarchie gilt in agilen Umgebungen als veraltet und ist verpönt«, stellt auch Phoebe Moore fest.[18] Der »alte Chef« wusste noch »primär mit den Mitteln formaler Organisation zu regieren, ein dichtes Netz allgemeiner Regeln für jeden Fall auszubauen, verlässliche Kontrollen einzuführen und Verstöße zu ahnden«.[19] So beschreibt der Systemtheoretiker Niklas Luhmann den Idealtypus unpersönlich-bürokratischer Herrschaft. Das Verhältnis zwischen Herr und Knecht in der betrieblichen Linienorganisation beschreibt er in fast kybernetischer Terminologie: »Es muss unten maximale Energie bereitstehen, die von oben mit minimaler Energie (auch ›Information‹ genannt) gesteuert werden kann.« Und wenn nicht pariert wird, droht »der Chef« mit Sanktionen, bis hin zur Entlassung, die bei ihm – keiner kann das so elegant-subtil formulieren wie Luhmann – »Aufzeigen der Mitgliedschaftsalternative« heißt. Demgegenüber wisse der »neue Chef«, dass Konflikte oft eine große Belastung darstellten, daher seien »alle neueren Bestrebungen auf Entspannung gerichtet«. Die Arbeitspsychologie erfordere daher »viel Rücksicht auf Seiten der Organisation«, der Mensch werde von ihr mittlerweile als »hochkomplexes, durch Selbstbewusstsein und Angst gesteuertes Handlungssystem« erkannt.[20]

Auch andernorts steht ein neuer Führungsstil an: »Führen unter den Bedingungen von Digitalisierung, Vernetzung, Individualisierung und Globalisierung erfordert […] eine hohe Beweglichkeit in der Wahl des situativ zweckmäßigen Führungsstils. So ist beispielsweise gerade in kleinen interdisziplinären Projektteams nicht in erster Linie der klassische direktive Vorgesetzte, sondern vielmehr der transparent agierende Mentor gefragt. Das setzt geistige Flexibilität und ein hohes Maß an Empathie voraus.«[21] Was sich wie aus einem Agilitätsratgeber abgeschrieben anhört, stammt aus der Feder von Generalmajor Reinhardt Zudrop, Kommandeur des Zentrums Innere Führung der Bundeswehr. Das deutsche Militär kann sich rühmen, schon vor Jahrzehnten die »innere Führung« erfunden zu haben, und sie ist auch beim derzeitigen Trend zur Agilität vorne mit dabei. Zudrops militärischer Rang hört sich zwar sehr nach hierarchischer Linienorganisation an, der agile Coach des Teams Verteidigung ist gleichwohl überzeugt, dass in der Bundeswehr von jeher agil geführt werde.

Die Soziologin Ève Chiapello möchte den alten Chef auch nicht wiederhaben: »Gewiss ist die Autonomie für zahlreiche Menschen trügerisch und auf nichts als Prekarität gebaut. Der alte hierarchische Chef jedoch, der Gehorsam ohne jede Diskussion verlangte, ist weitgehend verschwunden bzw. wurde in den vorzeitigen Ruhestand geschickt: Wer wird es bedauern?«[22] Das Bertelsmann Bar Camp Arbeiten 4.0 stellt zusammenfassend fest: »Moderne Führung geht einher mit fehlenden Hierarchien, temporären aufgabenbezogenen Netzwerken, situativer Kommunikation sowie einem Gleiche-unter-Gleichen-Selbstverständnis. ›Entscheidungen‹ sind nur noch logische Schlussfolgerungen der Bewertung von Rahmenbedingungen der Entscheidung durch das Team.«[23] Weit und breit findet sich keine Fürsprecherin für den alten Chef, er wird zum Teufel gejagt mit der Parole *Unboss!* – und so lautet auch der Titel eines erfolgreichen Managementratgebers aus Dänemark. *Unboss* bezieht sich dabei sowohl auf eine Person, den Nicht-Boss, als auch auf die Praxis des Ent-Bossens.[24] Der CEO der Schweizer Pharmafirma Novartis gehört zu den Fans des Konzepts und rief unlängst zum konzernweiten »*unbossing*« auf – ihn selbst natürlich ausgenommen.[25]

Holacracy, ein weiterer aktueller Managementtrend, propagiert dies ebenfalls: Hierarchien sollen aufgelöst werden, verkündet ihr Erfinder Brian J. Robertson, es gebe fortan kein Oben und Unten mehr, sondern nur noch nebeneinander: »Holacracy macht jeden Menschen im Unternehmen zu einer Führungsperson, wodurch maximale Agilität und Flexibilität erreicht werden.« Ziel sei es, durch die Verteilung von Autorität den Informationsfluss zu verbessern, die »Möglichkeit, auf sichere und praktikable Weise wirksam Macht zu verteilen und durch einen Leitungsprozess, der auf einem Regelwerk basiert, Selbstorganisation zu ermöglichen«. Die Hierarchie wird also in ein von allen anerkanntes Regelwerk verschoben, das selbst nicht hinterfragt wird, irgendwo zwischen intrinsischer Ratio und Sachzwang. Das schöne Modell hat also, das gesteht auch Robertson ein, seine Grenzen: »Der Vorstand ist kaum davon beeinflusst.«[26] Martin S., ehemaliger CEO eines Softwareunternehmens, drückt das so aus: »Egal wie die Kinder spielen, ob mit mehr oder weniger Work-Life-Balance, am Ende verkauft der Besitzer das Ganze für ein paar Millionen. An den Besitzverhältnissen ändert sich nix, Macht bleibt bei denen, denen das Ganze gehört, wie die Kinder sich organisieren oder spielen, ist egal, Hauptsache, sie liefern.«

Dieser Wandel in der Rolle des Managements hat mit seinem Gegenstand zu tun. Ob es um das Herumtragen von Roheisen, das Montieren von Autos oder Codeentwicklung geht – andere Kulturen und Umgangsformen gehen mit der zunehmenden Komplexität und auf dem Weg von der Hand- zur Kopfarbeit einher. In dem Maße, in dem nicht mehr die Arbeitsleistung der Untergebenen im Vordergrund steht, sondern deren kreative Verausgabung bei gedanklicher Arbeit, ändern sich auch die Umgangsformen – der Ton macht die Musik: Auf der Baustelle geht es rauer zu als in der kognitiven Kreativklitsche, daher geht der neue Chef ganz behutsam vor. Er wird zum achtsamen Begleiter, agiert Ulrich Bröckling zufolge als »guter Hirte«, wendet »sanfte Selbst- und Sozialtechniken« an und verlässt sich auf den »zwanglosen Zwang des besseren Arguments«.[27]

Dass der Generation Z (den ab 1995 Geborenen) das Chef-Sein gar nicht mehr attraktiv erscheint, passt da natürlich ins Bild. »Etwas Sinnvolles tun, flexibel arbeiten und Verantwortung für Projekte übernehmen: So sieht die moderne Karriere aus. Chef werden? Gehört nicht dazu. Die kriegen Druck von oben, Druck von unten und werden peu à peu zerrieben. Was soll daran erstrebenswert sein?« Mit diesen Worten erklärt uns Triumph-Adler, wie sich die Generation Z den neuen Chef vorstellt: Der Typ Schleifer ist out, der Chef soll sich kümmern – von Chefinnen ist wieder einmal nicht die Rede. »Mit 60-Stunden-Wochen und nächtlichem Beantworten von E-Mails können die Jugendlichen der Generation Z nichts anfangen«, gibt auch Unternehmensberater Rüdiger Maas zu Protokoll und fährt fort: »Wenn Führungskräfte stolz davon erzählen, wie sie morgens die Ersten im Büro sind und abends das Licht ausknipsen, ernten sie bei Digital Natives nur Kopfschütteln. Da haben sich Werte verschoben.«[28] Und im *Future Talents Report* der Unternehmensberatung Clevis, die sich um die Rekrutierung der Jüngsten sorgt, steht zu lesen: »Die Generation Z ist daran gewöhnt, dass man sich um sie kümmert.«[29] Die jungen Frauen und Männer suchen einen eher familiären Chef, der sich als Mentor versteht.

Halten wir fest: Der alte Chef ist von der Bildfläche verschwunden (nochmals: die alte Chefin war dort fast nie aufgetaucht, und auch der »neue Chef« wird, sofern aus Fleisch und Blut, männlich gedacht). Sind die Oberen, wie nach einer richtigen Revolution, erst einmal verjagt, können die Revolutionäre nun richtig loslegen und sich selbstorganisiert an die Bewältigung der anstehenden Aufgaben machen. Das Management wird in der agilen Kulturrevolution einfach beiseitegeschoben, das Team organisiert und steuert sich selbst. Auch wenn der »alte Chef« verschwunden, durch sanfte Coaches oder achtsame Kumpel ersetzt oder gleich gänzlich abgeschafft ist, seine Rolle vom Team mitübernommen wird, so ganz ohne *control* geht es auch nicht, denn, wie schon Lenin wusste: Vertrauen (sprich: Selbstkontrolle) ist gut, Kontrolle (sprich: »richtige« Kontrolle) ist besser![30]

Der algorithmische Boss

Da kommen digitale Überwachungstechnologien wie gerufen: Wir kennen sie aus dem Privatleben, zahllose Apps und Geräte erzeugen einen unerschöpflichen, nie versiegenden Datenstrom, verursacht durch unsere vielfältigen Aktivitäten, kanalisiert auf den Plattformen der Digitalkonzerne, als Big Data gespeichert in der Cloud, um dort zu verwertbarer Information zu werden. Das Zeitalter von Big Data, dem nahezu automatischen und anstrengungslosen Anfallen großer Mengen digitaler Daten bei jeglicher Aktivität, die online stattfindet oder mit digitalen Geräten verknüpft ist, hat auch in der Arbeitswelt Einzug gehalten. Dort wird digitale Technologie zum Instrument des Managements, zum automatisierten Kontrolleur und Manager. Dieses Phänomen wird auch als »algorithmischer Chef« bezeichnet, digitale Technologie füllt die entstandene Führungslücke aus: »Das Management hat immer auf Technologie gesetzt, um die Arbeit zu abstrahieren, aber jetzt spielt die Technologie selbst die Rolle des Managements«,[31] bringt Phoebe

Moore die Sache auf den Punkt. Oder, wie der alte Management-Hase Peter Drucker es ausdrückt: »*What gets measured, gets managed.*«[32]

Angesichts der vielen digitalen Tools ist die Fülle an Trackingdaten als Nebenprodukt kein Problem, das »richtige« Management kann sich im *digital boardroom* bequem zurücklehnen. Besonders augenfällig ist das Phänomen in der Logistikbranche, in den Lagerhallen z. B. von Amazon werden Arbeiterinnen unmittelbar von digitalen Geräten überwacht und gegängelt. Wie bei den Fließbandarbeitern in der Industrie bekommen sie ihr nächstes Ziel und den genauen Weg dorthin von einem Gerät vorgegeben. Ein Arbeiter bei Amazon erzählt, wir schreiben das Jahr 2017:

> »Wir sind Maschinen, wir sind Roboter
> wir stöpseln unseren Scanner ein
> wir halten ihn in der Hand, aber wir könnten ihn
> genauso gut in uns selbst einstöpseln.«[33]

Dieses geradezu poetische Statement eines Quantifizierten, vom algorithmischen Boss Kommandierten, auf rein mechanisches Funktionieren Reduzierten erinnert an Kraftwerks berühmtes Werk »Die Mensch-Maschine«. Der Mensch aus Fleisch und Blut wird hier zum digital kontrollierten, roboterhaften Teil einer weltumspannenden Maschinerie. Ganz ohne Boss bzw. Herrschaft geht es also nicht: Er versteckt sich zusehends in der digitalen Technologie selbst. Auch in den agilen Softwarefabriken ist er uns schon begegnet, in Gestalt der Aufgabentrackingsysteme und einer Vielzahl weiterer Softwareprodukte aus der Abteilung *velocity & control*…

Die Stechuhr aus den Industrie- und Bürokratiebetrieben kennen viele nur noch aus Filmen, tatsächlich ist dieses altmodische Time-Tracking-Device aber in neuer Gestalt omnipräsent: Angestellte im Büro melden sich »am System« an, und auch Freiberufler nutzen Zeiterfassungsapps wie OfficeTime oder OnTheJob, um festzustellen, wie viel Zeit sie für ein Projekt, eine bestimmte Aufgabe oder einen bestimmten Kunden aufgewendet haben. Mit ihrer Hilfe können sie Arbeitszeiten unterschiedlichen Projekten zuordnen, Statistiken erstellen und danach gleich auf Templates basierende Rechnungen erstellen. Sie überwachen, ob ein Projekt im Zeitplan ist und das Budget eingehalten wird. Zunehmend wird der Einsatz auch im Privaten, zum Managen der knappen Ressource Zeit auch im Freizeitbereich propagiert.

Die App RescueTime ist eher etwas für notorisch Abgelenkte und Prokrastinierende. Sie erfasst minutiös, wie viel Zeit mit welchen Aktivitäten, etwa Social Media, Surfen, E-Mails lesen, verbracht wird: »Wenn Sie eine Weile durchhalten, erhalten Sie wertvolle Einblicke in Ihre Gewohnheiten. Auf Basis dieser Erkenntnisse kann dann der Arbeitstag optimiert werden.«[34] Was für den Solounternehmer geht, funktioniert auch im Großunternehmen: »RescueTime ist eine Aufklärungsanwendung für Firmen, die Manager informiert hält über ihre wertvollste Ressource«, heißt es auf der Website. »Es schafft eine unübertroffene Kultur der Arbeitsplatztransparenz.« Beworben werden die Tools mit Anwendungsbeispielen, die durchaus sympathisch sind, z.B. Warnungen an die Mitarbeiter, doch mal eine Pause einzulegen oder ein paar Dehnübungen anzugehen. Umgekehrt ist, was wir von Facebook als Aktivitätswarnung »Deine Freunde haben schon seit x Stunden nichts mehr von dir gehört!« kennen, auch am Arbeitsplatz möglich: »Du hast seit 10 Minuten nichts mehr getippt, was ist da los?«

Vermessung des Selbst

Die digitale Quantifizierung menschlicher Regungen kennen wir auch aus einem anderen Bereich, der sogenannten Freizeit. Beim Sport, wenn es um Gesundheit und Fitness geht oder bei Ernährungsfragen steht uns eine Vielzahl digitaler Helferlein zur Verfügung, die uns beim Vermessen, Optimieren, Vergleichen zur Seite stehen. *Quantified Self* heißt der Trend, von dem kaum ein Aspekt des Lebens ausgenommen bleibt. Startschuss der *Quantified-Self*-Bewegung war ein Kongress im Jahr 2011. Was als nerdige Subkultur begann, hat mittlerweile, gefördert und gefordert von einer ganzen Industrie der Vermessung von Gesundheitsdaten, die Dimension eines Megatrends angenommen, auch in Deutschland verwenden 19 Millionen Menschen Fitness-Apps.[35] Eine der ersten, die sich dem Phänomen wissenschaftlich näherte, war Deborah Lupton: Sie sagt, dass es sich bei Selbsttracking um »Praktiken handelt, bei denen Menschen wissentlich und gezielt Informationen über sich selbst sammeln, die sie daraufhin überprüfen und gegebenenfalls auf ihre Lebensführung anwenden.«[36]

Der Digitale Kapitalismus mit seinen Geschäftsmodellen rund um Daten, User und Algorithmen entdeckt zusehends neue Betätigungsfelder – derzeit hoch im Kurs: der Gesundheitssektor. Vehikel für diesen *move* sind smarte Devices wie die Apple Watch und eine Vielzahl an Fitness- und Gesundheits-Apps. Diese sind ausgemachte Datenstaubsauger: Die mit ihrer Hilfe erzeugten Rohdaten werden von ihren Betreibern mit Hilfe von auf Künstlicher Intelligenz basierenden Technologien zu wertvoller Information raffiniert, diese dann wiederum in Form lukrativer Dienste zurückgespiegelt, z. B. um Nutzerprofile an Versicherungen zu verscherbeln und dergleichen mehr. Die Vernetzung der Schrittzähler und ähnlicher Geräte führt zu einer dauerhaften Olympiade der Körperfunktionen. 10.000 Schritte sind gut, aber 10.500 sind besser. Jeden Tag geht der Wettkampf aufs Neue los.

Die Auswirkungen der tragbaren Datenstaubsauger gehen jedoch über die individuelle Vermessung hinaus. In der Tradition von Michel Foucault, von dem letztlich die Idee stammt, dass auf einer bestimmten Entwicklungsstufe des Kapitalismus nunmehr der Körper selbst und damit auch seine Aktivität kolonisiert, ausgeleuchtet und verwertet werde, sprechen die Philosophin Anna-Verena Nosthoff und der Literatur-, Kultur- und Wirtschaftswissenschaftler Felix Maschewski von »datafizierte[r] Biopolitik«: »Neben dem via Smartwatch optimierten, fitteren und gesünderen Individuum gerät hierbei auch das *quan-*

tified collective, das quantifizierte Kollektiv, in den Fokus, dessen Wesen und Wege, mit behavioristischen Theorien und kybernetischen Praxen umstellt, immer genauer beschrieben und erfasst, immer tiefer durchdrungen – immer häufiger bestimmt scheinen.«[37]

Es mag uns als modernes Phänomen erscheinen, aber Schritte zählen, mit sich selbst bzw. mit sowohl dem gestrigen als auch dem morgigen Ich in Wettbewerb treten, das tat schon der von Harry Braverman als »neurotischer Sonderling« charakterisierte Frederick Taylor: Bereits als Jugendlicher zählte er seine Schritte, stoppte die Zeit für unterschiedlichste Aktivitäten und versuchte, seine Bewegungen nach Effizienz zu analysieren. An den quantifizierten Subjekten von heute, die digitale Technologien benutzen, um sich selbst zu messen, zu optimieren, ihre *one best way of life* anzustreben, hätte Taylor sicher seine Freude gehabt.

Wer schon bei Facebook oder LinkedIn das Gefühl hat, da ginge es nur um Selbstmarketing, fühlt sich durch einen neuerlichen Trend sicher bestätigt in dieser Ansicht – dem Verwalten von Freundschaften mit Hilfe professioneller Customer Relationship Management (CRM) Software. Diese wurde ab ca. 2000 populär und dient zur Verwaltung und Abwicklung von Kundeninteraktion mit einem Unternehmen. Salesforce ist eines der bekanntesten Produkte des gleichnamigen Herstellers, eine der mächtigsten und finanzstärksten Firmen des Digitalen Kapitalismus. Zahlreiche Apps wie Dex, Clay oder Hippo für persönliches CRM konkurrieren mittlerweile auf dem Markt und erlauben, Kontakte und Freundeskreis professionell zu managen – Networking, Dating, Freundschaften zu pflegen, die sich auch als wertvolle berufliche Verbindungen herausstellen könnten... Jede dieser Apps leistet einige der Dinge, für die Facebook ursprünglich gedacht war. Bei Netzwerken und Bekanntschaften wird der Übergang zwischen reinen Geschäftskontakten und Freundschaften sowieso fließend, warum also nicht mit professionellen Kanonen auf private Spatzen schießen?[38]

Messen und Herrschen

Was im Privaten funktioniert, geht auch im Arbeitsumfeld – die Übergänge sind fließend. Sind soziale Tracking-Techniken und -Gewohnheiten im Freizeitbereich erst einmal etabliert und geübt – das Monitoring, das Erfassen, das Messen, das Berechnen, das Dokumentieren, das statistisch Auswerten, das Teilen, das Ranken, das Zurückspielen von Feedback ins System – steht auch ihrer Akzeptanz und Praxis am Arbeitsplatz nichts mehr im Wege: Auch der »algorithmische Boss« wird, wie die Mitglieder meiner Laufgruppe, als Partner, Kumpel und Sportsfreund wahrgenommen.

Der Soziologe Simon Schaupp, der sich ausgiebig mit Self-Tracking beschäftigt hat, formuliert die These, es handle sich insbesondere um »eine Technologie zur Rationalisierung individueller und kollektiver Arbeit«. Aus diesem Blickwinkel sehen Self-Tracking in der Freizeit durch den Einzelnen und bei der Arbeit durch den Arbeitgeber aus wie zwei Seiten einer Medaille, beide sind geprägt durch den Imperativ, *fit for the job* zu werden. »Im Grunde können die meisten Self-Tracking-Anwendungen als Humankapital-Management-Technologien verstanden werden. Ob dieses Humankapital nun von einem Großkonzern, einem Staat, oder einem einzelnen ›Unternehmer seiner selbst‹ (Foucault) verwaltet wird – die buchhalterische Logik bleibt dieselbe«, so sein Fazit.[39] In beiden Situationen finden sich die Subjekte zudem als kostenlose Datenlieferanten wieder. Das Grundprinzip des Digitalen Kapitalismus, nach dem eine Armada an Usern, mit kostenlosen Diensten angelockt, einen ständigen Strom an verwertbaren Daten auf Plattformen liefert, der im Nachhinein von diesen ausgewertet, raffiniert – um eine Analogie aus der Förderung und Veredelung eines anderen Rohstoffs, Rohöl, zu bemühen – und zu verwertbarer Information veredelt wird, wiederholt sich hier. Die fröhliche Laufgruppe, die kommunikativen Social Media Addicts, die getrackten Digitalarbeiter – aus Sicht des datenextraktiven Unternehmens schlicht Lieferanten kostenloser Arbeit.

142

Die agil Arbeitenden müssen sich ständig auf Neuerungen einrichten, an neue Techniken, aber auch immer neue soziale und kommunikative Herausforderungen anpassen. Von den Einzelnen wird erwartet, selbstständig, proaktiv und eigenverantwortlich mit den »neuen Maschinen« Schritt zu halten. »Agilität«, schreibt Phoebe Moore, »verlangt natürlich nach agilen Arbeiterinnen, agil in dem Sinne, dass sie auf ständige Veränderungen eingestellt und bereit sind, persönliche Veränderungen vorzunehmen; immer in Bewegung und mobil«.[40] Die agile *workforce* sieht sich mit neuen Anforderungen konfrontiert: Den Teammitgliedern wird durch die agilen Arbeitsmethoden zusätzlich affektive Arbeit aufgebürdet, sie müssen mit den technischen Herausforderungen und der *sustainable pace* des Teams klarkommen, und zusätzlich ein emotionales und affektives Change Management an sich selbst exerzieren. Moore resümiert: Hier finde eine Aneignung unbezahlter »affektiver Arbeit« statt. Neuer Druck auf die Beschäftigten entstehe, weil diese mit »Turbulenzen« selbst fertig werden müssen, zusätzlich würden »neue Anforderungen an Teamfähigkeit und den Umgang mit angeblich horizontalen Strukturen gestellt [...], die eine spezifische Subjektivität voraussetzen«.[41] Das sind die berühmten Soft Skills, die von den Beschäftigten erworben, erhalten und gepflegt werden müssen, in Eigenregie und Eigenverantwortung.

Resilienz ist eine dieser neuen Sekundärtugenden, die ein Selbst aufruft, das belastbar, flexibel, widerstandsfähig ist, das »Coping-, Widerstands- und Anpassungspotenzial« mobilisieren kann und in der Lage ist, das »Nichterwartbare zu erwarten« (Ulrich Bröckling). Gleichzeitig muss es immer auch das Scheitern vor Augen haben, denn »das resiliente Selbst bewährt sich im Futur II: Ob jemand ausreichend widerstands- und anpassungsfähig ist, weiß man immer erst im Nachhinein, wenn er oder sie es gewesen sein wird.«[42] Dadurch wird Kooperation von Konkurrenz ununterscheidbar, Tracking zum Wohlbefinden aus Sorge ununterscheidbar von affektivem Data-Mining für das Unternehmen. Eine Art

Stockholm-Syndrom gegenüber dem Unternehmen stellt sich ein, alle kämpfen darum, einbezogen zu werden, dazugehören zu dürfen, ja geliebt zu werden von einer Maschinerie, die sie gleichzeitig quält und gefangen hält.

Das Paradox sich selbst managender Arbeiterinnen tritt ein, die sich in zwei Persönlichkeiten aufspalten, in Selbstunternehmerinnen einerseits und Selbstproletarier andererseits, in Dompteur und dressierte Kreatur in einer Person. »Als aufgespaltene Persönlichkeiten«, analysiert Phoebe Moore dieses Phänomen, »mit einem inneren Manager, der einen inneren Arbeiter ausbeutet, werden die Arbeiter angehalten, ihre affektive Arbeit zu regulieren und zu quantifizieren, und damit Subjekte des und Beherrschte durch das Kapital zu bleiben.«[43] Der Chef ist verschwunden, Hindernis und Gegner wird das eigene Unvermögen, die Tickets zu bewältigen, Empathie und Kommunikation zu bewältigen. Die Grenzen zwischen Management und Arbeitern verschwimmen, ebenso wie die zwischen Arbeit, Identität und Leben. Der Philosoph Slavoj Žižek beschreibt diese Spaltung der kreativen Teamarbeiterinnen ebenfalls: »Sie sind für den Erfolg des Unternehmens verantwortlich, während ihre Teamarbeit auch den Wettbewerb untereinander und mit anderen Gruppen mit sich bringt. Als Organisatoren des Arbeitsprozesses werden sie dafür bezahlt, eine Rolle zu spielen, die traditionell den Kapitalisten oblag. Dergestalt bekommen sie mit all den Sorgen und Verantwortlichkeiten des Managements, wobei sie doch immer nur bezahlte Arbeitnehmer mit unsicherer Zukunft bleiben, das Schlechteste aus beiden Welten ab.«[44]

Um das Bild vom Anfang aufzunehmen: Das Pferd dreht von nun an selbstständig seine Runden in der Management-Manege, vollführt seine Kunststückchen aus eigenem Antrieb, korrigiert sich selbst, hält sich durch Feedback in der richtigen Bahn, und der Dompteur kann auf der Tribüne Platz nehmen und sich bequem zurücklehnen…

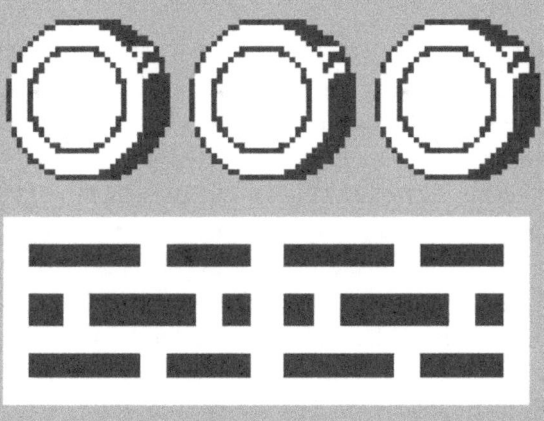

Free solo: Arbeitskraftunternehmer von der Dampfmaschinenzeit bis heute

Als »*free solo*« wird eine extreme Form des Felskletterns bezeichnet, bei der die Kletterer allein und ohne jegliche Sicherung unterwegs sind und sich so ganz auf ihre individuelle Stärke und ihr Können verlassen müssen. Wie ein Free-Solo-Kletterer dürfte sich ein gewisser Edmund Harrold oft gefühlt haben, der Anfang des 18. Jahrhunderts in Manchester lebte. In einem kleinen, gemieteten Laden ging er seiner Profession als Barbier nach, nebenher betätigte er sich auch als Buchhändler, hielt gelegentlich Auktionen ab und trat – wenn er mal gut bei Kasse war – als Geldverleiher auf. Der multitaskende Solo-Selbstständige Harrold ist nur einer von vielen Freelancern aus der Frühzeit der industriellen Revolution, die die Wirtschafts- und Sozialhistorikerin Tawny Paul anhand von Tagebüchern aufgestöbert hat. Diese Aufzeichnungen legen beredtes Zeugnis ab von den Sorgen und Nöten einer aufstrebenden Mittelschicht, die damals schon mit mehreren Jobs gleichzeitig zu jonglieren wusste. So den Lebensunterhalt zu verdienen war im vorindustriellen England durchaus verbreitet.[1]

Auch die Selbstständigen jener Tage schätzten zwar ihre Unabhängigkeit, hatten aber auch mit unsicheren und schwankenden Einkünften zu kämpfen. Ihre Situation kann phasenweise durchaus als Prekariat bezeichnet werden, Harrold fühlte sich mitunter als »Tennisball des Schicksals«.[2] Auch die Angst, mit ihrem Lebensentwurf zu scheitern, war ständiger Wegbegleiter. In den Erfahrungsberichten dieser frühen Ausprägungen von Solo-Selbstständigkeit wird auch deutlich, dass die Kombination unterschiedlicher Arbeitsformen und -inhalte nicht nur ökonomischen Erfordernissen geschuldet war. Bei einigen stand der Gelderwerb im Vordergrund, bei anderen ging es jedoch eher um Selbstverwirklichung oder um den sozialen Status, der mit den Tätigkeiten verknüpft war. Bereits vor über zweihundert Jahren versuchten viele, durch das selbstständig gesteuerte parallele Ausüben von Jobs eine bessere Work-Life-Balance zu erreichen.

Erst mit der Industrialisierung wurde die abhängige Beschäftigung zum Leitmotiv des Kapitalismus. Der einflussreiche US-amerikanische Ökonom John Kenneth Galbraith erklärte in seinem 1967 erschienenen Standardwerk *The New Industrial State*, das moderne Unternehmen sei durch Risikominimierung und nicht durch Gewinnmaximierung definiert und die Erhaltung und Pflege einer verlässlichen *workforce* dafür unerlässlich.[3] Die Herstellung einer solchen war in erster Linie den intrinsischen Erfordernissen einer Industrie geschuldet und ihrer Nachfrage nach Menschen, die sich freiwillig der Fabrikdisziplin unterwerfen, bzw. die »überhaupt am Arbeitsplatz erscheinen«, wie Louis Hyman formuliert.[4]

Der Kapitalismus hatte in der Folgezeit die je nach Weltregion bis heute andauernde Kraftanstrengung unternommen, das Proletariat und die Angestelltenarmee hervorzubringen. Deren Unterordnung unter das Fabrikregime erkaufte sich das Kapital mit Löhnen, die eine gewisse Teilhabe am Wohlstand erlaubten. Ganzen Generationen erschien die damit verbundene Arbeits- und Lebensweise als normal und erstrebenswert – die Bourgeois-Ideologie, der Mensch sei immer schon Kapitalist, *homo oeconomicus* gewesen, proletarisch spiegelnd in der Überzeugung, der Mensch sei eigentlich schon immer (Lohn-) Arbeiter gewesen.

Die Systemkonkurrenz mit dem Sozialismus, der die festangestellte Lohnarbeit sogar zum Gattungsschicksal erklärte, die proletarische Arbeit als höchste Form menschlicher Betätigung quasi vergötterte, tat ein Übriges, um diese Ansicht zu zementieren. Die Arbeiterbewegung im Westen vergaß den So-

zialismus irgendwann und hielt die Festanstellung mit Sozialversicherung, Jobgarantie, Mitbestimmung, 40-Stunden-Woche,
bescheidener Teilhabe am Wohlstand und am Konsum von
Kolonialwaren bzw. Massenprodukten für das Nonplusultra.
Eine Romantisierung der industriellen Idylle lässt gern die gefährliche und gesundheitsschädliche Kehrseite außer Acht, die
oft als geradezu schicksalshaft erduldet wurde. Gleichermaßen
außer Acht gelassen wird oft, wer alles nicht gemeint war im
Standardmodell – Frauen, Afroamerikaner, Illegalisierte. Spätestens seit den 1970ern ist jedoch klar, dass das Ende des sozialdemokratischen Jahrhunderts naht, das Kapital den »Klas-
senkompromiss der Nachkriegszeit« (Wolfgang Streeck)
aufkündigt und langsam aber sicher durch einen neuen ersetzt.
Bestrebungen, den Wohlstand zu demontieren, lassen sich allerdings bis in die 1930er Jahre zurückverfolgen.

»We're only human (capital) after all«

Eine Clique von Unternehmensberatern wie McKinsey und andere schrieben sich schon frühzeitig die »Demontage des Nach-
kriegswohlstands« auf ihre Fahnen, argumentiert Louis Hyman
in seiner lesenswerten Geschichte der Nicht-Festanstellung.
Hohe Löhne, starke Gewerkschaften und langfristige Bindung
der Arbeiterschaft an das Unternehmen waren ihnen ein Dorn
im Auge.[5]
Pionier für die Auflösung des Festanstellungsparadigmas in
den USA ist die Firma Manpower, sie wurde 1948 von Elmer
Winter und Aaron Scheinfeld gegründet. Winter war überzeugt,
Unternehmen sollten sich auf »Schlankheit« statt auf »Stabi-
lität« konzentrieren, und begann seinen persönlichen Feldzug
für die Flexibilisierung der Arbeit. Mit Erfolg: Allmählich setzte sich an der Spitze der Unternehmen der Typus risikofreudi-
ger Entrepreneur durch und ersetzte den risikoscheuen, loyalen
company man. Im Zuge dessen wurden »die Hauptmerkmale
des Nachkriegsunternehmens – stabile Belegschaft, einbehalte-

ne Gewinne und minimiertes Risiko – [...] eher zu Risikofaktoren als zu Aktiva«.[6] Der Historiker David Noble berichtet von frühen Versuchen, den Arbeitern »Teilnahme, Partnerschaft und Verantwortungsbewusstsein« zu vermitteln, dazu zählen beispielsweise Joseph Scanlons Konzept der Gruppenanreize und Cecil Adamsons Gewinnbeteiligungsprogramm: »Jeder ein Kapitalist« titelte seinerzeit die Zeitschrift *Life* in einer Reportage über Adamsons Pläne. Solche frühen Versuche, aus dem Arbeiter den *homo oeconomicus* herauszukitzeln, ihm nicht mehr nur als zu dominierenden und zu domestizierenden Teil der *workforce* zu begegnen, waren allerdings von nur bescheidenem Erfolg, wie Noble zu berichten weiß.[7]

Erst in den 1960er Jahren, im Zuge der Herausbildung der Angestelltenwelt und des Dienstleistungssektors, gewinnt ein Begriff im Managementdiskurs an Bedeutung, den es so vorher nicht gab: Humankapital. Miterfinder Gary S. Becker betont, im Übergang zur Wissensgesellschaft werde Humankapital immer wichtiger, weil in modernen Gesellschaften die Produktivität auf der Schaffung, Verbreitung und Nutzung von Wissen beruhe. Humankapital wird also von der Theorie von Anfang an mit zunehmenden kognitiven Anteilen an der Arbeit in Zusammenhang gebracht. Parallel dazu wurde der Mensch wieder in den Vordergrund gerückt, die Human Relations wurden erfunden.[8]

Der Trend zum Outsourcen und weg von der lebenslangen *workforce* bekommt in den 1990er Jahren erst richtig Auftrieb. Paradigmatisch für die Entwicklung in den USA kann das große amerikanische Telekommunikationsunternehmen AT&T gelten, als es sich von seinem jahrzehntelang propagierten Recruiting-Slogan »Ein Job fürs Leben« verabschiedete und sich nun an das angeworbene Humankapital folgendermaßen richtet: »Kommen Sie zu uns. Wir investieren in Sie und Sie investieren in uns. Gemeinsam werden wir uns dem Markt stellen, und das Ausmaß, in dem wir erfolgreich sind, wird bestimmen, wie sich die Dinge entwickeln.«[9] 80 Jahre nach ihrer Gründung hat die größte US-amerikanische Zeitarbeitsfirma Manpower über 3 Millionen Menschen unter Vertrag, das sind anderthalb mal so viele wie Walmart, der größte private Arbeitgeber der Welt. Dabei ist sie weltweit nur die drittgrößte ihrer Branche hinter der Schweizer Firma Adecco und der niederländischen Firma Randstad.

Seit Jahren hält die Diskussion über die Bedeutung des Phänomens an. Auf der einen Seite finden sich überzogene Behauptungen, die die Erscheinung überschätzen: Gerade in Deutschland erfreut sich Festanstellung in sozialversicherungspflichtigen Jobs historischer Höchststände und anscheinend bester Gesundheit. In den USA dagegen und vielen weiteren Weltregionen sieht es deutlich anders aus. Die Wirtschaftswissenschaftler Lawrence Katz von der Harvard University und Alan Krueger von der Princeton University zeigen, dass der Anteil der Amerikaner, die eine sogenannte »alternative Arbeit«, also vorübergehend oder unbeständig – beispielsweise als unabhängiger Auftragnehmer oder durch eine Zeitarbeitsfirma – verrichten, seit Mitte der 2000er Jahre zunimmt. Das »gesamte Nettobeschäftigungswachstum« liege »im Bereich alternativer Arbeitsformen«, über 60 Prozent seien auf den Zuwachs unabhängiger Auftragnehmer, Freiberufler und Vertragsarbeiter zurückzuführen gewesen. Fast alle der 10 Millionen Arbeitsplätze, die in diesem Zeitraum geschaffen wurden, waren keine traditionellen Nine-to-Five-Arbeitsplätze. Bereits etwa ein Drittel der Beschäftigten und die Hälfte der »jungen Arbeitnehmerinnen« in den USA sind Teil eines befristeten und tendenziell prekären neuen Arbeitsmarktes geworden.[10] Eine Studie der Zeitarbeitsfirma UpWork aus dem Jahr 2020 gab die Zahl der in den USA im Jahr 2014 ganz oder teilweise als Freelancer Beschäftigten mit 53 Millionen an, 2019 waren es 57 Millionen, das sind 35 Prozent der gesamten arbeitsfähigen Bevölkerung.[11] Auch bei uns sind die ca. 2,5 Millionen Solo-Selbstständigen in der Corona-Krise ins Rampenlicht gerückt, von denen sich viele keine 14 Tage über Wasser halten können, wenn die prekär-selbstständigen Einkünfte einmal ausbleiben bzw. Unvorhergesehenes passiert.

»Want to be your own boss? Start today!«

Der Fahrtvermittler und Uber-Konkurrent Lyft aus den USA bringt gleich zwei Freiheitsversprechen des Kapitalismus in einem Slogan zusammen – die Freiheit des Autofahrens und die unternehmerische Freiheit: Steig ein, fahr los und verdien auch noch Geld dabei – du bist der Boss! Die Unternehmerisierung wird in der Gig-Economy auf die Spitze getrieben, ein relativ neuer Teil des Arbeitsmarktes, in dem formal Selbstständige mit einer Vielzahl an Aufträgen, Jobs und Engagements ihr Auskommen verdienen. Die Gig-Economy betrat erstmals Anfang 2009, auf dem Höhepunkt der Finanzkrise, die Weltbühne. Für viele, die damals ihre Anstellung verloren, war eine Kombination aus vielen kleinen Jobs die einzige Alternative. Durch das Aufkommen von Onlineplattformen wie Uber (ebenfalls 2009 gegründet) oder Lyft (2012) in den folgenden Jahren etablierte sich der Begriff. Von den Tätigkeiten klassischer Freiberufler wie Handwerkerinnen, Designer oder Anwältinnen unterscheidet sich die Gig-Economy etwa dadurch, dass eine Onlineplattform als Mittlerin zwischen Auftraggebern und Auftragnehmern steht. Erst die Verbreitung von Onlineplattformen, Smartphones und Services wie Geolokalisierung, Breitbandinternet, 4G etc. ermöglichte diese Geschäftsmodelle.

Die Plattformen bestimmen die Regeln, verfügen über die Daten der Beteiligten und behalten meist eine Vermittlungsgebühr ein: Insofern hat der Begriff »Plattformisierung der Arbeit« seine Berechtigung, auf den Plattformen der Gig-Economy werden zumeist kleine Aufträge kurzfristig an eine Vielzahl von unabhängigen Freiberuflern vergeben. Bei Taskrabbit oder Myhammer werden Handwerks- oder Putztätigkeiten vermittelt, bei Twago oder UpWork können Firmen einzelne Aufträge oder Projekte an Designer, Übersetzer oder Texter vergeben. Uber-Fahrer oder Deliveroo-Boten bekommen Fahrten von der Plattform zugewiesen und hangeln sich so von einem Auftrag zum anderen. Plattformen sind weder mit Zeitarbeitsunternehmen noch mit Arbeitgebern vergleichbar. Sie

bieten nur unabhängigen Auftragnehmern eine Technologie-
plattform als Vermittlungsinstrument, erleichtern Zahlungen,
übernehmen die Marktpräsenz und weitere betriebliche Details.
Kennzeichen von Plattformarbeit, wie sie Emanuele Menegatti definiert, ist eine durch die Vertrags- und Geschäftsbedin-
gungen der Plattform installierte »faktische Realität«.[12] Die
Gig-Arbeiter sind weitgehend frei in der Ausführung, außer
Qualitätsstandards gibt es keine Vorgaben, wie die Arbeit zu
erledigen ist. Am Ende bewerten und beurteilen die Endkunden
die Ergebnisse. Zudem gibt es keinerlei Mindestverfügbarkeits-
anforderung, aber auch keine Umsatzgarantie oder Ähnliches.

Soziologisch betrachtet wird diese neue Arbeitssphäre von
der Generation der nach 1980 Geborenen getragen: Die Mil-
lennials, die im Jahr 2020 über ein Drittel der weltweiten
arbeitsfähigen Bevölkerung ausmachen, sind allesamt Digital
Natives. Sie sind mit Internettechnologien groß geworden und
haben die Werte der Sharing Economy – Nachhaltigkeit, Vernetzung und Flexibilität – mit der Muttermilch aufgesogen.
Neben Gig-Ökonomie und Plattformarbeit ist aus der Busi-
ness-Perspektive noch ein weiterer Begriff populär geworden,
der den ebenso positiven Begriff Sharing ersetzt hat: »Crowd-
work«, der an positiv konnotierte Begriffe wie Crowdfunding,
Schwarmintelligenz und dergleichen erinnert – allerdings ist
der Begriff insofern irreführend, als die Crowd eine anonyme
Gruppe ist: Die einzelnen Mitglieder der Schar wissen nichts
voneinander, sind extrem isoliert, es gibt ja keinen gemeinsamen Betrieb oder Ähnliches. Der deutsche Crowdsourcing-Ver-
band schreibt in seiner Selbstdarstellung: »Die Vernetzung der
einzelnen Internetnutzer nimmt fortlaufend zu, und immer mehr
Nutzer werden Teil von kollaborativen Netzwerken. Durch
P2P-, Collaboration- und crowdbasierte Geschäftsmodelle ver-
binden sich diese Nutzer zunehmend zu Wertegemeinschaften
und decken ihre Bedürfnisse gegenseitig ab. So werden Pri-
vatpersonen zu Taxifahrern, Darlehensgebern und Innovations-
managern. Für Kunden ist es nun nicht mehr notwendig, für
Dienstleistungen oder Produkte auf herkömmliche Institutio-

nen zurückzugreifen. Eine dezentrale, heterogene und flexible Crowd bildet die Basis dieser neuen wirtschaftlichen Entwicklung, der Crowd Economy.«[13]

Der Slogan des US-amerikanischen Uber-Konkurrenten Lyft bringt das Versprechen der sogenannten Gig-Ökonomie auf den Punkt. Ein »neuer Geist des Kapitalismus« wird hier propagiert, in dem Selbstoptimierung, lebenslanges Lernen, unternehmerische Validierung der eigenen Arbeitskraft und Biografie für jeden Einzelnen zum ständigen Begleiter werden. Einstmals machtlosen Individuen soll sie dabei helfen, mehr Kontrolle über ihr Leben zu erlangen, indem diese zu Mikrounternehmern werden. »Wir können eigenverantwortlich handeln, uns nach Belieben in diese neue, flexible Form des Arbeitens ein- und wieder ausklinken«, schrieb Tom Slee in seiner Kritik der Sharing-Ökonomie, ein längst vergessener Begriff, obschon er vor wenigen Jahren noch die Debatte dominierte.[14] Die Soziologin Dominique Méda, profunde Kennerin der Gig-Economy in Frankreich, sieht einen Trend zurück zum Freelance des 19. Jahrhunderts am Werk. Aus dieser Perspektive erscheint ihr »das lohnarbeitende Proletariat als historische Parenthese«.[15]

Sklaverei 4.0

Bei Marx findet sich die Überlegung, der Arbeiter trete ja als freier Warenbesitzer und Händler auf dem Markt auf, allerdings mit nur einer Ware im Angebot – seiner eigenen Arbeitskraft, die er an den Meistbietenden zu verkaufen sucht, insofern ist er Unternehmer seiner eigenen Arbeitskraft, Arbeitskraftunternehmer. Gleichzeitig bezeichnet Marx den Lohnarbeiter wiederholt als Lohnsklaven und stellt ihn damit in eine historische Abfolge der unfreien Arbeitsverhältnisse. Im *Kommunistischen Manifest* von 1848 heißt es: »Freier und Sklave, Patrizier und Plebejer, Baron und Leibeigener, Zunftbürger und Gesell, kurz, Unterdrücker und Unterdrückte standen in stetem Gegensatz zueinander.«[16] In der revolutionären Literatur des Vormärz findet sich, so der Literaturwissenschaftler Patrick Offe, vielfach die Bezeichnung der freien Lohnarbeiter als »weiße Sklaven«, diese verweise vor allem auf »den Aspekt der Sklaverei als unfreier Arbeitsform«, zugleich aber auch auf die seinerzeit »noch allgegenwärtige koloniale und postkoloniale Sklaverei«.[17]

Für Marx ist der Lohnarbeiter der bis dato Freieste aller Unfreien, Enkel in einer Genealogie, die bei der Sklaverei beginnt und beim Lohnarbeiter (vorläufig) endet. In die Reproduktionsformel des Kapitals gehen die »weißen Sklaven« indessen als »variables Kapital« ein, das dem konstanten Kapital, repräsentiert durch Fabrik, Maschinen, Roh- und Hilfsstoffe, gegenübersteht. In dieser Bezeichnung der Arbeit(er) als Teil des Kapitals, eben als variabler oder – im Gegensatz zum toten Kapital – lebendiger Teil, wird deutlich, dass die Arbeit Teil des Problems, sprich des Kapitalverhältnisses ist, integraler Bestandteil desselben, und nicht etwa Teil der Lösung. Die lebendige Arbeit stellt den menschenmateriellen Rohstoff für das Kapital dar, sie ist notwendiger Teil desselben, nicht widerständiges, zu zähmendes Außen, sondern vom Kapital Hergestelltes.

Die Idee des Arbeitskraftunternehmers nahmen die Soziologen Gerd-Günter Voß und Hans J. Pongratz dann Ende der 1990er Jahre wieder auf. Im Kontext neuer Strategien der Arbeitsorganisation, die auf unternehmerisch motivierte Akteure setzten, sahen sie gar eine »neue Grundform der Ware Arbeitskraft« am Entstehen. »Die bisher vorherrschende Form des ›verberuflichten Arbeitnehmers‹« sahen sie zunehmend abgelöst durch einen »neuen strukturellen Typus, den ›Arbeitskraftunternehmer‹«.[18] So interpretiert, bekommt der Begriff »Arbeitskraftunternehmer« eine neue Bedeutung, ist nicht mehr polemische Bezeichnung für den Marktaspekt des Lohnarbeiters, sondern benennt einen tatsächlich unterschiedlichen Typus auf der nächsten Stufe in der Geschichte der Unfreiheit, freier als der Lohnarbeiter, aber eben immer noch gezwungen, seine Arbeitskraft auf dem Markt anzubieten. Oft heißt es dabei, die neue Unternehmerklasse sei gar keine richtige, ihre unternehmerische Freiheit nur formal, ihre Tätigkeit nur der Form nach autonom, sie sei in Wahrheit tatsächlich abhängig, was z. B. im Begriff »scheinselbstständig« zum Ausdruck kommt. Das Argument hat eine gewisse Berechtigung, handelt es sich doch zumeist nicht um Unternehmer im landläufigen Sinne, etwa synonym mit erfolgreichen Geschäftsleuten. Aber auch die Freiheit des Arbeitnehmers, sich auf dem Arbeitsmarkt frei zu bewegen, jede Arbeit sowohl anzunehmen als auch abzulehnen, ist »nur« eine formale Freiheit.

Kennzeichen dieses Typus sei eine erweiterte Selbstkontrolle der Arbeitenden und der Zwang zur verstärkten Ökonomisierung der eigenen Arbeitsfähigkeiten und -leistungen, schrieben die beiden Autoren. »Mit dem Arbeitskraftunternehmer bezeichneten wir eine Tendenz, dass auf einer gewissen Entwicklungsstufe des Kapitalismus bei hochqualifizierten Beschäftigten die Anforderung wächst, sich und die eigene Arbeit selbst zu managen. Das hat – so war unsere theoretische Annahme – eine verstärkte Selbstkontrolle und Selbstökonomisierung zur Folge und eine Art Verbetrieblichung der Lebensführung.«[19] Der Betrieb als Ganzes wird ins Innen verlagert. Gewissermaßen muss nun das eigene Leben »als Betrieb« organisiert und bewirtschaftet werden. Anpassung an neue Technologien, Pflege des Betriebsklimas, Aus- und Weiterbildung der Belegschaft sowie das Einnehmen der Kundenperspektive – all das wird jetzt von den Einzelnen verlangt. »Sich selbst als Firma begreifen und mit den Augen potenzieller Kunden betrachten« – so beschrieb der Soziologe Ulrich Bröckling bereits 2003 dieses neue Selbstverständnis.[20] Der Gedanke findet sich ähnlich auch schon bei Michel Foucault, wenn dieser das neoliberale Subjekt als eines beschreibt, das »für sich selbst sein eigenes Kapital ist, sein eigener Produzent, seine eigene Einkommensquelle«.[21] Der Soziologe Maurizio Lazzarato bemerkt zur Arbeitskraftunternehmersubjektivität: »Für die Mehrheit der Bevölkerung bedeutet ein wirtschaftliches Subjekt (›Humankapital‹, ›Unternehmer des Selbst‹) zu werden lediglich, gezwungen zu sein, sinkende Löhne und Einkommen, Prekarität, Arbeitslosigkeit und Armut auf die gleiche Weise zu bewältigen, als würde man eine Unternehmensbilanz verwalten.«[22] Das wäre Edmund Harrold wohl nur allzu bekannt vorgekommen …

Der agile Produktionsalltag findet in Deutschland zumeist im Rahmen einer Festanstellung statt, die bei uns eine weltweit nahezu einmalige Verbreitung und Tradition hat. Das ist allerdings nicht überall so: Insbesondere in den USA sieht es deutlich anders aus, was nicht zuletzt daran ablesbar ist, dass durch die Coronakrise ca. 30 Millionen Menschen binnen Tagen ihre Beschäftigung verloren. Aber die historische Bewegung in Richtung mehr Eigenverantwortlichkeit bei der Arbeit, in Richtung kybernetische Selbststeuerung von kleinen Teams hat durchaus ihre Entsprechung auch in der Form der Beschäftigung, die Bezüge zum Trend zur Unternehmerisierung der oder des Einzelnen sind deutlich. In dem Maße, in dem »das Projekt« »die Fabrik« als Paradigma kapitalistischer Organisation ablöst, wird die klassische Lohnarbeit in temporäre, projektorientierte, prekäre Tätigkeit transformiert.

Aber auch innerhalb der klassischen Form der Festanstellung greift die Unternehmerisierung um sich. Die Unternehmensberaterin Jeanne Meister stellt in ihrem Buch zur Zukunft der »Arbeitsplatz-Experience« fest: »Noch nie haben so viele Unternehmen Mitarbeiter aktiv dazu ermutigt, sich als Unternehmer am Arbeitsplatz zu verhalten – Intrapreneure innerhalb ihrer Organisation zu sein.«[23] Der Philosoph Charles Handy hatte ähnliche Gedanken schon in den 1980ern, er schrieb über »*portfolio people*«, die auf eigene Rechnung aktiv sind, und schlug vor, »den traditionellen Arbeitsbegriff durch das Konzept des Portfolios an Tätigkeitsbereichen« zu ersetzen.[24]

Der Philosoph Stephan Siemens und die Psychologin Martina Frenzel wiederum beschreiben die Doppelrolle, die Arbeitnehmern im Kontext dessen, was sie »unternehmerisches Wir« nennen, zukommt: »Einerseits tun sie als Arbeitnehmer das, was sie zu tun haben, nämlich ihre ›eigentliche Arbeit‹ machen. Andererseits übernehmen sie gemeinsam mit ihren Kolleginnen und Kollegen die Unternehmerfunktion, das heißt, sie verbessern ihre Arbeit permanent und richten sie ›am Markt aus‹.« Sie beschreiben damit ein Phänomen, in dem innerbetriebliche Einheiten partiell Unternehmerfunktion übernehmen. Sie interpretieren diesen Trend ebenfalls als Reaktion des Kapitals auf eine zunehmende gesellschaftliche Kooperation im Unternehmen selbst. Agile Teams stellen ein Paradebeispiel für solche Taskforces dar, organisierte Einheiten von Beschäftigten, die als unternehmerische Einheit agieren.[25]

Wendy Brown wiederum schlägt die Brücke zum Neoliberalismus: Dieser habe dem *homo oeconomicus* ein unternehmerisches Update verpasst, er sei »ein äußerst konstruiertes und verwaltetes Stück Humankapital mit dem Auftrag, seine eigene Wettbewerbsstellung zu verbessern und in die Waagschale zu werfen, den Wert seines eigenen (sowohl geldförmigen als auch nicht-monetären) Portfolios zu vermehren – und das in all seinen Bestrebungen und überall gleichzeitig«.[26] Mit der Verlagerung von Management und Kontrolle ins Innen hätte es der Kapitalismus mal wieder geschafft, ein neues Ausbeutungsmodell hervorzubringen: Der Chef wird zum Coach, aus Abteilungen werden Teams und die Arbeiterklasse löst sich im Netzwerk auf.

Mit dem BGE den nächsten Sprint schaffen

Die Debatte um das bedingungslose Grundeinkommen (BGE) ist ebenfalls aus dieser Perspektive zu sehen. Ein bedingungsloses Grundeinkommen ist eine vom Staat ausgezahlte Transferleistung, bei der jede bezugsberechtigte Person einen fixen Geldbetrag erhält. Diese Form des BGE käme einem sanktionsfreien gesetzlichen Mindesteinkommen nahe, das zudem gesellschaftlich entstigmatisiert wäre. Befürworterinnen sehen es als Chance, nicht nur die Existenz zu sichern, sondern umfassende gesellschaftliche Teilhabe zu ermöglichen und zu einer auch der Umwelt verpflichteten, demokratischen Ökonomie zu gelangen. Die Meinungen darüber gehen allerdings auseinander, ob bedingungslos auch heißt, dass es an alle ausbezahlt werden soll, unabhängig von Verdienst oder Vermögen. Auch was die Höhe der Geldzahlung angeht, liegen die Modelle weit auseinander, hierzulande werden oft 1.000 Euro genannt. Uneinigkeit besteht auch über den Kreis der Empfänger sowie über Finanzierungsmodelle. Kritiker wie z. B. der Armutsforscher Christoph Butterwege bemängeln an dem Modell, dass es insbesondere Vermögen nicht antaste und damit nicht zu Verteilungsgerechtigkeit führe, sondern im Gegenteil zur Verschärfung von Ungleichheiten.

Der Hamburger Wirtschaftsprofessor Thomas Straubhaar nennt vier Gründe, warum das auf Erwerbsarbeit basierende Sozialsystem in der Krise ist: Zunächst schrumpfe die arbeitsfähige Bevölkerung, was dazu führe, dass ein immer geringerer Teil der Gesellschaft einen immer größer werdenden unterhalten müsse. Zudem sei die klassische abhängige Beschäftigung gekoppelt an ein traditionelles Familienbild, mit dem Vater als Alleinverdiener und einer Mutter, die sich zu Hause um die Erziehung kümmert. Das Ideal der Vollbeschäftigung in der Arbeitsgesellschaft führe zu einer Massenproduktion und -konsum befördernden Wachstumsideologie. Lebenslange Erwerbstätigkeit als zentraler Lebensinhalt, gekoppelt mit einer Überhöhung der Arbeit als Grundbedingung menschlicher Daseinsberechtigung, sei mittlerweile obsolet und entspreche nicht mehr den Bedürfnissen, Lebensentwürfen und auch nicht mehr der Arbeitserfahrung vieler.[27]

Straubhaar hat recht: Heute entfallen auf einen Rentner oder eine Rentnerin in Deutschland nicht einmal drei Menschen im arbeitsfähigen Alter, Tendenz fallend; staatliche Zuschüsse liegen derzeit bei ca. 10 Prozent, Tendenz steigend. Lebenslange Diskriminierungen in der Arbeitswelt schlagen sich auch in den Sozialversicherungen nieder und führen etwa zu einem Gender Pay Gap von sage und schreibe 40 Prozent bei der Rente. Der Wiener Ethikprofessor Konrad Liessmann stellt fest: »[A]n dem Modell, das seit der Industrialisierung die (Lohn-)Arbeit zum entscheidenden Faktor der Wertschöpfung, zum wichtigsten Kriterium für das Selbstwertgefühl des Menschen und zur vorrangigen Quelle für die Einnahmen des Staates gemacht hat, [soll] unerbittlich festgehalten werden. Das kann nicht gutgehen.«[28]

In die Debatte um das BGE ist Bewegung gekommen, seit die Stimmen aus der sogenannten Digitalwirtschaft sich mehren, die sich für ein bedingungsloses Grundeinkommen aussprechen. Vor kurzem noch undenkbar, vergeht heute kaum ein Tag, an dem sich nicht ein digitaler Industriekapitän einreiht in die Grundeinkommensbefürworter. Tenor ist meist der voraussichtliche massive und irreversible Wegfall von Erwerbsarbeit durch Automatisierung und KI. Immer öfter ist aus diesen Kreisen zu hören, wir brauchten ein Sozialsystem, das besser zu den Solo-Unternehmerinnen und prekär Selbstständigen unserer Tage passe als das herkömmliche, auf abhängige Beschäftigung ausgerichtete. Oder aber, ein BGE sei schlicht nötig, um die Verlierer der Digitalisierung ruhigstellen zu können.

Das bedingungslose Grundeinkommen als eher linke Forderung, als Daseinsvorsorge und Menschenrecht gedacht, bekommt also Konkurrenz von einem diskursiven Leitbild, in dem die individuelle Freiheit der Einzelnen innerhalb des Kapitalismus im Vordergrund steht: Du hast 1.000 Euro. Mach was draus! Die implizite Kritik an der Erwerbsarbeit als zentralem Lebensprinzip, die das BGE auszeichnet und derentwegen es den Fans des alten Fabriksystems und des Arbeitsethos von links bis rechts ein Dorn im Auge ist, wird hier zur unternehmerischen Selbstermächtigung umdefiniert. Jeder ist seines Glückes Schmied. Mit dem BGE wird verstärkt ein Modell sozialer Sicherung diskutiert, das zur Projektorientierung des neuen Kapitalismus zu passen scheint wie die Faust aufs Auge.

So schreibt etwa Straubhaar unverblümt: »Das BGE ersetzt alle steuer- und abgabenfinanzierten Sozialleistungen: es gibt weder gesetzliche Renten- und Arbeitslosenversicherung, noch Arbeitslosengeld, Wohngeld oder Kindergeld.«[29] Die Gefahr besteht, dass das BGE zu einer neoliberalen Alternative zum

Sozialstaat verkommt, einer monatlichen Finanzspritze für individualisierte Solo-Start-ups. Die Grundeinkommensbewegung hat das Problem erkannt und schreibt in ihrem Frankfurter Manifest zum Digitalen Kapitalismus: »Ein Grundeinkommen als bloße Geldzahlung würde die destruktiven Kräfte des kapitalistischen Marktes nicht mindern.«[30] Immer stärker rücken Forderungen nach direktem Zugang zu Daseinsvorsorge in den Vordergrund, die die Geldzahlung ergänzen: Bildung, Gesundheitsversorgung, Mobilität, Kommunikation, Grundversorgung mit Energie und Wohnen sollten öffentlich finanziert und kostenlos sein. So lässt sich vielleicht verhindern, dass das Grundeinkommen, wenn es denn kommt, gerade einmal für die Miete reicht.

Für viele Selbstständige bedeutete die Coronakrise Umsatzeinbrüche von bis zu 100 Prozent. Schlagartig wurde klar, dass in Deutschland über zwei Millionen Solo-Selbstständige ihr Dasein fristen, die teilweise keinen Spielraum haben, um vier Wochen zu überleben. Im Zuge der Coronakrise wurde deutlich, dass auch bei uns Millionen solcher Harrolds von heute binnen 14 Tagen ins Elend abstürzten, weil sie zwar formal Unternehmerinnen und Selbstständige sind, aber keinerlei Sicherheiten, Rücklagen zur Verfügung haben und von den Segnungen der unfreieren Lohnarbeitswelt wie Kurzarbeitergeld oder Lohnfortzahlung nur träumen können. Insbesondere in der Kreativwirtschaft sahen sich unvermittelt viele mit der Situation der klassischen Bohème konfrontiert, üppig ausgestattet mit »Freiheit« – sei es künstlerische oder unternehmerische –, allerdings bar jeden *cash flows*, Rücklagen, Vermögens. Die Politik reagierte schnell und beschloss daher als Sofortmaßnahmen des Bundes und der Länder Einmalzahlungen, die nach Ausfüllen eines Onlineformulars und ohne nennenswerte Prüfung in Höhe von 5.000 oder 9.000 Euro binnen Tagen auch ausgezahlt wurden – für viele sicher das am schnellsten und leichtesten verdiente Einkommen ihres Lebens.

In der Coronakrise sind die Stimmen für ein bedingungsloses Grundeinkommen wieder lauter geworden. Eine Online-Petition der Berliner Modedesignerin Tonia Merz auf change.org, die ein zeitlich befristetes Grundeinkommen forderte, erhielt in kurzer Zeit eine halbe Million Unterschriften. Sie schreibt: »Was mir trotz überdurchschnittlich viel Arbeit nicht gelang, ist Rücklagen zu bilden, die mich und mein Team durch eine Krise, wie wir sie derzeit erleben, retten könnten.«[31] Eine im März 2020 durchgeführte repräsentative Umfrage kam zu dem Ergebnis, die Mehrheit der Deutschen spreche sich für dessen Einführung aus, um die wirtschaftlichen Folgen der Krise auszugleichen.[32]

In vielen Ländern gab und gibt es Experimente zur Einführung eines Grundeinkommens, die unbürokratisch ausgezahlten Soforthilfen für Solo-Selbstständige in Deutschland im Zuge der Coronakrise stellen ein weiteres solches Experiment dar. Durch diese Soforthilfen schien kurz ein Möglichkeitsfenster aufzugehen: Was wäre, wenn das immer so wäre? Das Konzept eines Grundeinkommens für alle – ohne jegliche Vorbedingungen – bekam Auftrieb. Mit jedem solchen Experiment wächst der Erfahrungsschatz, und Bedenken, »die Wirtschaft« würde untergehen, wenn es denn mal auf breiter Front eingeführt würde, werden immer weniger glaubhaft.

Andererseits zeigen auch die Soforthilfen, worum es bei der Einführung von Grundeinkommen geht: Die schrittweise Etablierung eines zum Digitalen Kapitalismus passenden Sozialsystems, ein System von unternehmerischen Mikrohilfen für Solo-Selbstständige. Es geht darum, Prekären über die Runden zu helfen, neuen Formen des Selbstunternehmertums entsprechende soziale Sicherungen einzuführen, und nicht etwa die Prekarität selbst abzuschaffen. Das Grundeinkommen wird also sicher an Boden gewinnen in den nächsten Jahren, und die vielen Harrolds werden sich freuen, aber was für die Einführung der Bismarck'schen Sozialversicherung vor 140 Jahren galt, deren Leistungen auch nicht das Schlaraffenland für die Arbeiterschaft bedeuteten, gilt auch heute: In erster Linie geht es um die Gewährleistung der Verfügbarkeit der passenden *workforce* für das Kapital: die vielen Kreativen werden noch gebraucht.

Das Kapital macht agil,
bei Arbeit, Sport und Spiel

»Digitaler Taylorismus oder Empowerment durch Teamorganisation?« So lautete die Leitfrage einer 2018 von der IG Metall abgehaltenen Tagung zum Einsatz agiler Methoden. Es mag auf den ersten Blick so scheinen, als hätten die Prinzipien von *scientific management* und Agilität nichts miteinander zu tun, als seien sie, im Gegenteil, vielmehr antagonistisch. Geht es bei *agile* nicht darum, weniger zu kontrollieren, nicht mehr reinzureden, auf Selbstorganisation zu setzen und den Teammitgliedern mehr Selbstverantwortung zu übertragen?

Doch es gibt, wie wir gesehen haben, frappierende Gemeinsamkeiten: Agilität übernimmt mit der Task eine der zentralen Erfindungen Frederick W. Taylors für die Abwicklung der agilen Arbeitsabläufe. In Gestalt digitaler Tickets, die von Software fürs Aufgabentracking verwaltet werden, rückt sie diese ins Zentrum der täglichen Arbeit. Die Zerstückelung in einzelne Arbeitshäppchen hat Agilität mit dem Taylorismus also gemeinsam, die digitalen Tools, die dies bewerkstelligen, sind auch für die zweite Übereinstimmung maßgeblich verantwortlich: Diese erlauben mittels des breiten Stroms an Aktivitätsdaten, die sie generieren, die engmaschige Kontrolle jedes noch so kleinen Arbeitsschritts. »Die Idee ist, exakt zu messen, was getan wird, und wie gut es getan wird, und daraufhin nach kontinuierlicher Verbesserung zu streben.« So weit könnte der Satz von Taylor stammen, er ist aber von Jeff Sutherland, einem der wichtigsten agilen Propagandisten.

Taylor versuchte, die *one best way* zu finden, das Optimale aus jedem einzelnen Arbeitsschritt herauszuholen, und diese

Idealbewegung dann immer wieder identisch reproduzieren zu lassen. Das genügt in der agilen Welt bei Weitem nicht. »Werde nicht nur einmal besser, werde ständig besser. Halte immerfort Ausschau nach möglichen Verbesserungen. Gib dich niemals zufrieden mit dem Erreichten«[1], betont wiederum Sutherland die Pflicht zu ewiger Verbesserung. Galt im Taylorismus noch: »Optimiere *einmal*«, heißt es heute: »Optimiere immer wieder, ständig, endlos«.

Die Kontrolle, auch das hat sich gezeigt, übernimmt dabei das Team selbst, es überwacht nicht nur die Arbeitsfortschritte, sondern sieht es als sein vorrangiges Ziel an, die *velocity* zu steigern. In Anlehnung an Brechts Vergleich des Einbruchs in eine Bank mit der Bank selbst könnte man fragen: Was ist die analoge Stoppuhr in der Hand des Managers gegen die internalisierte, durch digitale Aufgabenmanagementsysteme überwachte Selbstkontrolle von heute? Auch die *sustainable pace*, die maximale Geschwindigkeit und damit Produktivität, die ein Team möglichst ohne zu erschöpfen über einen langen Zeitraum aufrechterhalten kann, gibt es als Ideal auch schon bei Taylor.

Andererseits hat die agile Revolution tatsächlich die Rollen und Hierarchien stark verändert – das Team ist beides: Management und Arbeiterschaft zugleich, alle sind Freunde und unterwerfen sich nur noch dem einen Zweck: dem Erreichen der gemeinsam gesteckten Ziele. Agile Arbeiterinnen nehmen dabei eine Doppelrolle ein, einerseits managen sie, legen Tasks an, schätzen sie ein, beschreiben sie, um sie dann – quasi dissoziierend als jemand anders, in eine andere Rolle schlüpfend – abzuarbeiten. Im agilen Kapitalismus muss sich das Management neu erfinden, unsichtbar werden, in das Team hinein verlagert werden, und die Teams werden zu kybernetischen, selbststeuernden Kreativitätsmaschinen im Dienst des Kapitals. Die Antwort auf die eingangs gestellte Frage lautet also: beides zugleich.

Velocity & control

Der Kapitalismus erfindet nicht nur neue Technologien, Geschäftsmodelle und Märkte. Auch in seiner Königsdisziplin Management erfindet er immer wieder neue passende Methoden der Organisation und Kontrolle der *workforce*. Ob diese nun *one best way*, Human Relations, Lean Management, Holacracy oder ähnlich heißen, ob sie mal auf kürzere, mal auf längere Leine, mal auf mehr Zuckerbrot oder mehr Peitsche setzen – sie verfolgen immer die gleichen Ziele: *velocity & control*.

Geschwindigkeit und Kontrolle sind – von jeweils unterschiedlichen Philosophien, Menschenbildern, Paradigmen und Methoden begleitet – seine ewig gleiche Mission. Insofern stehen die agilen Methoden in einer langen Reihe von Zurichtungsmethoden, die, seit Adam Smith das Hohelied der Arbeitsteilung vor nunmehr bald zwei Jahrhunderten anstimmte, das kapitalistische Arbeitsregime immer wieder einem Update unterziehen.

Die Herstellung von Software ist kreative Tätigkeit, die Herstellung immer neuen Codes ist gefordert, Wiederholung bereits geschriebenen Codes ist verschwendete Liebesmüh, Makulatur, Ausschuss – wie ein nicht exakt gestanztes Blech. Nicht exakte Kopien eines Originals sind gefragt, sondern originäre Zeilen, neue Informationen, originelle Gedanken, kurz: ein konstanter Strom der Verausgabung menschlichen Hirns ist gefordert. Je größer der kognitive Anteil, je mehr kreative Leistungen gefragt sind, je weniger das Endergebnis im Vorhinein feststeht, desto imperativer der Einsatz agiler Methoden.

Agilität ist die derzeit beste Methode für das Kapital, die Produktion von Programmcode, aber auch viele weitere Tätigkeiten, die es in seinen Dienst stellt, zu organisieren: Alte Methoden von Kontrolle und Gehorsam, alte Strukturen wie Betrieb und Belegschaft, Abteilungen und Befehlsketten sind nicht mehr brauchbar, wenn es um kreative kognitive Tätigkeiten geht. Als Faustregel kann also gelten: Je höher der kognitive Anteil einer Arbeit, desto mehr ist lange Leine angesagt,

desto mehr ist Selbststeuerung durch emotional und kommu-
nikativ selbst-anspruchsvolle Teams mit starken Soft Skills die
richtige Wahl, sprich diejenige, die mehr Output verspricht. Die
agilen Methoden wie Scrum und dergleichen sind die Methoden der Wahl für die Dressur der kognitiven Arbeit, ihr Atom
ist das Ticket, ihre Einheit die *velocity*.

Agilität in Zeiten von Corona

Die Covid-19-Pandemie ist eine der größten weltweiten Krisen
seit dem Zweiten Weltkrieg. Nach ihrem Ausbruch Anfang des
Jahres 2020 wurde die VUCA-Welt noch einmal schlagartig
volatiler, unwägbarer, komplexer und mehrdeutiger – binnen
kürzester Zeit sind Prozesse über uns hinweggefegt, die unter
normalen Umständen Jahre oder Jahrzehnte gedauert hätten.
Viele Millionen Menschen mussten sich innerhalb von Tagen
oder Wochen auf Arbeit von zu Hause einstellen, sich mit
neuer Software vertraut machen, neue Kommunikationskanäle
und Verhaltensweisen erlernen. Wie in einem Laborversuch
wurden die Flexibilität und Resilienz der Menschen auf die
Probe gestellt – ein brachialer Anpassungsprozess an quasi
über Nacht veränderte Bedingungen nahm seinen Lauf.

Innerhalb weniger Tage mussten die Arbeitenden das gesamte Änderungsmanagement absolvieren: Sie mussten ihr Zu-
hause zum Büroraum umgestalten, dabei darauf achten, dass
der Zoom-Hintergrund ansprechend gestaltet ist, eine stabile
Internetverbindung wird eh vorausgesetzt. Trotz der Kappung
von Sozialkontakten zu Freunden und Familien, trotz Existenz-
ängsten und Doppelbelastung durch Kinderbetreuung hatten sie
sich gut gelaunt und perfekt ausgeleuchtet vor dem Monitor ein-
zufinden. Eine reibungslose Adaption an die neuen Software-
Tools wird ebenso vorausgesetzt wie das Erlernen der damit
verbundenen sozialen Fähigkeiten (»Gehen Sie nicht auf die
Toilette, während Sie an einer Microsoft-Teams- oder Zoom-
Telefonkonferenz teilnehmen«) – ein Paradebeispiel für das,

was Phoebe Moore als affektive Arbeit bezeichnet, die still-schweigend vorausgesetzt wird, unsichtbar bleibt und nicht ver-gütet wird. Viele machten ihre ersten Erfahrungen mit Home-office, Videokonferenzen, Onlinemeetings und dergleichen – digitale Tools wie Boards, Comcast, Evernote, Hootsuite, Slack, Teams, Trello, Zoom und wie sie alle heißen traten in ihr Leben, und sie kamen, um zu bleiben.

Im Privaten kamen derweil die gleichen Techniken zum Einsatz, mit ihnen wurden Freundschaften gepflegt, wurde mit Familie kommuniziert. Eltern waren zumindest zeitweise einer doppelten Arbeitsbelastung ausgesetzt: Homeschooling + Homeoffice, beim Management ihrer »erfolgreichen Familien-unternehmen« kamen dieselben Tools zum Einsatz. Ein Eltern-teil sagte über den Einsatz von Trello zum Familienmanage-ment, es sei nicht mehr wegzudenken, die Kinder hätten sich daran gewöhnt, allerdings: »Diese Woche haben sie ihre KPIs [Key Performance Indicators] noch nicht erreicht!«[2]

Auch eine neue Klassenspaltung wurde durch Corona deut-lich: in diejenigen nämlich, die ihre Jobs verloren haben, ih-ren Lebensunterhalt nicht mehr verdienen können und deren Existenz bedroht oder gar vernichtet ist einerseits und diejeni-gen, die erstaunlich resilient auf die neue Situation reagieren konnten, von zu Hause arbeiten können, eine gute Internetver-bindung und einen Computer ihr eigen nennen und das fällige Veränderungsmanagement an sich selbst exerzieren konnten andererseits. Aber auch die agilen Kopfarbeiter sind vor der Brutalität des Marktes nicht sicher. So berichtete ein (ehema-liger) Mitarbeiter eines Start-ups aus Los Angeles, seine Fir-ma habe während eines mittels Zoom veranstalteten Webinars kurzerhand 406 Mitarbeiterinnen und Mitarbeiter gefeuert – sicher eine der ressourcenschonendsten Entlassungswellen in der Geschichte des Kapitalismus.[3]

Digitale Technologien haben das Leben mit Ausgangssper-ren und Kontaktverboten erträglicher gemacht, vielleicht sogar erst ermöglicht. Doch wer steht hinter den Softwareprodukten für Zusammenarbeit und Produktivität, für digitales Lernen,

Remotekollaboration und Kommunikation über das Netz, die den Alltag der Eingesperrten bestimmen? Ihre Herstellerliste liest sich wieder einmal wie das Who is Who des Digitalen Kapitalismus: Atlassian, Microsoft, Zoom, Adobe, LinkedIn, Facebook, Google, Amazon – die Digitalkonzerne gehen unbestreitbar als Gewinner aus der Krise hervor.

Wie wird die Unternehmenskultur in der Post-Corona-Welt aussehen? »Unternehmen werden erkennen, dass sie viel anfälliger sind als gedacht und mit selbstorganisierten, objektiven und ergebnisorientierten digitalen Arbeitsmodellen agiler auf zukünftige Herausforderungen reagieren müssen«, lautet die Einschätzung der Unternehmensberaterin Alejandra Martínez, sie spricht von einem erzwungenen Digitalisierungsschub, der jedoch »eine bessere Rückverfolgbarkeit der Arbeit« sowie die Installierung von »effizienteren Modellen« zur Folge habe.[4] Martínez, die auch Direktorin der spanischen Fraunhofer-Abteilung BICG ist, setzt auf die Werte und Prinzipien der Agilität: »Übermäßige Kontrolle«, konstatiert sie, »ist nicht mehr sinnvoll«, stattdessen gewinnen »Resilienz, Flexibilität, Selbstorganisation, die Abschaffung von bürokratischen, innenarchitektonischen und sozialen Hürden, Vertrauen und Empathie mit einer klaren Verteilung der Autorität« an Bedeutung. Der Trend zum agilen Unternehmen hat starken Impetus erhalten, gleichzeitig deutet sich ein *digital divide* auch bei Organisationen an: Die Gefahr, auf der Strecke zu bleiben, hat sich verschärft.

Es kann keine Rückkehr zur alten Normalität geben, heißt es, das gilt sicher für einmal etablierte, distribuierte, virtuell vermittelte Arbeitsformen; viele Organisationen werden sie beibehalten wollen, zu attraktiv ist das Potenzial für die Externalisierung von Kosten und Personal gleichermaßen – den Stuhl, auf dem die Mitarbeiter sitzen, haben sie schließlich selbst bei IKEA gekauft. Unternehmen stellen fest, dass der Krankenstand nachlässt – wer das Haus kaum noch verlässt, bekommt auch seltener eine Erkältung. Die Coronakrise wird die weltweite Tendenz zu Telearbeit und selbstständiger Arbeit – sowohl formal als auch inhaltlich – beschleunigen, und damit erfahren

Lebensrealitäten wie die eines Edmund Harrold eine Renaissance, der zu Beginn des 18. Jahrhunderts als prekär Selbstständiger ein ungewisses Dasein fristete.

Der agile Kapitalismus mit seiner basalen Infrastruktur Internet, mit seinen digitalen Plattformen und mit seinem Heer an resilienten Individuen hat die Prüfung mit Bravour bestanden. Die Welt ist durch Corona agiler geworden, und die agile Philosophie, das agile *mindset* und die agilen Methoden erfahren einen Boost ohnegleichen.

Das agile Selbst

Die Prinzipien und Werte des *Agilen Manifests* werden gleichzeitig zu Angeboten und Anforderungen, zur Blaupause für das Individuum selbst: Es soll sich selbst verbessern und sich dabei sozial und affektiv kompetent, selbstständig und selbststeuernd in den Dienst des Kapitals stellen, auf dass dieses einen konstanten Strom an kreativer Tätigkeit abschöpfen kann. Kundenorientierung und schnelles Reagieren auf veränderte Anforderungen werden zu Kernkompetenzen einer neuen Klasse, gleichzeitig werden diese Leitbilder auf alle gesellschaftlichen Ebenen projiziert. Agile Prinzipien halten Einzug – weit über das Arbeitsleben hinaus.

Milestones setzen und erreichen, performant sein – nicht nur das *wording* ist nun Teil der Subjektivität der digitalen Generation. Wir sind zum Project Owner unseres eigenen Lebensprojekts geworden, ein Sprint jagt den nächsten. Werte, Kompetenzen und Rollen aus der digitalen Projektwelt greifen auch außerhalb dieser Sphäre um sich, ganz wie diejenigen aus dem Fabrikregime – Disziplin, Verlässlichkeit, Unterordnung unter Autoritäten – auch die Gesellschaft bis in die Familien hinein geprägt haben. So werden, neben der Armee von Agilitätsberatern und Ratgebern, die agilen Arbeiterinnen und Arbeiter zu Gefolgsleuten des neuen Lean Managements aller Aspekte des Lebens. Das ganze Leben will agil gemanagt werden, der

Backlog an Tasks gepflegt, die aktuelle To-do-Liste herunter-
gebrannt, der Sprint bewältigt, die Kommunikation hochgehalten, ebenso die emotionale Kompetenz, und das Ganze möglichst nachhaltig, sprich auf Dauer erträglich, ohne in den
Burnout zu rutschen, aber doch diesem so nahe wie möglich
kommend.

Die agil Arbeitenden berichten, wie die Prinzipien und Werte auch in ihrem Alltagsleben Fuß fassen – die Art und Weise,
wie das Leben selbst, wie Freundschaften, ja Liebe angegangen
wird, vollzieht sich zunehmend in Anlehnung an die Praktiken
der agilen Arbeitsorganisation – die ständige Validierung und
Selbstvalidierung, schonungslose Offenheit, die ständige An-
forderungsoptimierung, begleitet von der Bereitschaft, jeden
Schritt, jeden Atemzug zu quantifizieren, zu messen, zu speichern, zu teilen, zu evaluieren.

Zu Zeiten linearer Arbeits- und Lebensbiografien war das
Leben nur so dahingeplätschert. Von der Wiege bis zur Bahre
lösten Kindheit, Jugend, Ausbildung, Berufsleben und Rent-
nerdasein einander ab und bildeten den Wasserfall des Lebens.
Aber dieses Lebensmodell, das seit der Industrialisierung die
(Lohn-)Arbeit zum entscheidenden Faktor der Wertschöpfung,
zum wichtigsten Kriterium für das Selbstwertgefühl der Menschen und zur vorrangigen Quelle für die Einnahmen des Staates gemacht hatte, bekommt Konkurrenz. Ein postfordistisches
»Lebenslaufregime« trägt die Projektorientierung aus der Do-
mäne der Arbeitswelt auch ins Private hinein.

Manche sagen, aus den Rädchen im System werden selbst
Systeme … »In vielen Situationen«, beschreibt Gerald Raunig
treffend dieses Phänomen, »hat es den Anschein, als werde
nicht die Maschine in den Menschen eindringen, als zöge es
vielmehr die Menschen ›in die Maschine‹. Ich bin nicht nur abhängig von einer mir äußerlichen ›Maschine‹, die mich überwacht und unterwirft, ich möchte auch Teil der Maschine werden, an ihr anhängen. Maschinische Dienstbarkeit ist insofern
etwas ganz anderes als die Unterwerfung unter die Maschine.«[5]
Der agile Kapitalismus reiht sich ein in die lange Geschichte

der erweiterten Möglichkeiten für die Entfaltung des Individuums im Kapitalismus bei gleichzeitiger optimierter, aktualisierter und verfeinerter Subsumption des Subjekts unter die Maschinerie.

Agiler Kapitalismus

Das agile Individuum ist emsig damit beschäftigt, seine eigene *velocity* zu berechnen, mit dem Ziel, diese zu erhöhen. Wer agile Arbeitsprozesse betrachtet – mit all ihren Folgen, wie Infantilisierung, Peer-Group-Pressure etc. –, sieht darin einige Aspekte von dystopischen Zukunftsentwürfen à la *Schöne neue Welt*, *The Circle* oder Episoden der Serie *Black Mirror*[6] tatsächlich realisiert, und die große Welle ihres *rollouts* in viele andere Bereiche des gesellschaftlichen Lebens steht erst noch bevor – das heute noch skurril anmutende Beispiel der Verwaltung von privaten Kontakten mit Hilfe professioneller Customer Relationship Management Apps dürfte ein Vorschein dessen sein, was da auf uns zukommt...

Der Digitale Kapitalismus hat mit den agilen Methoden sein Manifest gefunden, nach dem er ein weltweites *change management at scale* zustande bringt. Chaplins *Moderne Zeiten*, das Räderwerk, in dem sich der Fließbandarbeiter als buchstäbliches kleines Rädchen wiederfindet, kehrt in der heutigen Zeit wieder, diesmal ist der kognitive Code-Arbeiter nurmehr ein Datenobjekt in einem Dickicht an Tools, Datenströmen und Prozessen, an die er angeschlossen ist, von denen er mit Task-Häppchen gefüttert wird, die er mit Code-Schnipseln und allerlei mehr kurzen Sequenzen geistiger Arbeit versorgt.

Im Film *Die Truman Show* lebt der Hauptdarsteller in einer perfekten Welt, die allerdings von einer hohen Mauer umgeben ist; in Wahrheit lebt er in der Scheinwelt einer Fernsehshow, deren Protagonist er selbst ist. Auch in der schönen agilen Welt gibt es eine Grenze, eine Mauer, hinter der die Realität beginnt. Bei agilen Projekten ist immer irgendwo Schluss mit Agilität, tauchen plötzlich Deadlines, Budgets und Unternehmensziele auf, die nicht verhandelbar sind. Wie bei der *Truman Show* gibt es einen Spielplatz, auf dem die Kinder kreativ sein dürfen. Heute sind zwar keine trainierten Gorillas gefragt, sondern kognitiv avancierte und soft geskillte Brainworker, im Käfig sitzen sie aber im Prinzip genauso, auch wenn dieser eher der Wand gleicht, wie sie Truman Burbank in der *Truman Show* einschließt, als einem Gitterkäfig, wie wir ihn aus Affengehegen kennen. Er ist ein im Alltag unsichtbarer Horizont, wie die in den Farben des Himmels angestrichene und von diesem nicht zu unterscheidende Mauer in der *Truman Show*.

Agil nennt sich dieser Kapitalismus, weil er uns sanft führt, achtsam stupst, von innen führt, wir durch unseren Rücken hindurch agil sind, auf Prekarität, Zumutungen resilient reagieren, agile Methoden an uns selbst exerzieren, uns selbst in der Manege im Kreis herumführen, es als persönliche Herausforderung ansehen, ihm bestmöglich, kreativ und einfühlsam zu Diensten zu stehen. Was ihn so agil macht, sind wir selbst.

Anmerkungen

Fremdsprachige Zitate übersetzt durch den Autor.

Die schöne neue Welt der Agilität

1 *The Agile Manifesto*, 2001, http://agilemanifesto.org
2 https://agilemanifesto.org/iso/de/manifesto.html, 28.4.2020.
3 Claudia Lemke et al., »Zalando Radical Agility. Vom Online-Retailer zur Fashion-Plattform«, in: Walter Brenner, Kathrin Kirchner, *Einführung in die Wirtschaftsinformatik*. Springer Gabler, Berlin, Heidelberg 2017, S. 26.
4 Ulf J. Froitzheim, »Ostentativ leger«, in: *brand eins* Innovation 2018.
5 Andreas Boes et al., *»Lean« und »agil« im Büro*. Transcript, Bielefeld 2019, S. 12.
6 Sebastian Olbert, Hans G. Prodoehl, *Überlebenselixier Agilität: Wie Agilitäts-Management die Wettbewerbsfähigkeit von Unternehmen sichert*. Springer Fachmedien, Wiesbaden 2019.
7 Bundesministerium der Verteidigung, *Weißbuch 2016. Zur Sicherheitspolitik und zur Zukunft der Bundeswehr*. Juni 2016, S. 134.
8 Finn Geipel et al., »Settings in the Canon, Sprints as Rhythm: Development of an Interdisciplinary Procedure Model for the Experimental Zone«, in: Séverine Marguin et al., *Experimental zone. An interdisciplinary investigation on the spaces and practices of collaborative research*. Park Books, Zürich 2019, S. 14.
9 Susanne Grätsch, Kassandra Knebel, *Agile Methoden im Überblick*. Berlinerteam.de, 29.3.2018. Eric Ries, *The Lean Startup: How Today's Entrepreneurs Use Continuous Innovation to Create Radically Successful Businesses*. Crown Business, New York, NY 2011.
10 Verbundprojekt diGAP, Schwerpunktgruppe »Projekt- und Teamarbeit in der digitalisierten Arbeitswelt«, https://gute-agile-projektarbeit.de

11 Evgeny Morozov, Francesca Bria, *Die smarte Stadt neu denken. Wie urbane Technologien demokratisiert werden können.* Hrsg. von der Rosa-Luxemburg-Stiftung, Berlin 2017, S. 34f.

12 Mishkin Berteig, *Lean, Agile and Capitalism – Just a Thought*, 18.12.2006, http://www.agileadvice.com/2006/12/18/uncategorize d/lean-agile-and-capitalism-just-a-thought

13 Ohne Autor, »Audi streicht jede sechste Stelle in Deutschland«, in: *Frankfurter Allgemeine Zeitung*, 28.11.2019.

14 Susan A. David, *Emotional Agility*. Penguin Random House, New York, NY 2016.

15 Ulrich Bröckling, *Gute Hirten führen sanft. Über Menschenregierungskünste*. Suhrkamp, Berlin 2017, S. 113.

16 Gerlinde Albrecht, Sabine Fries, *Achtsamkeit im Job: Zufriedener und entspannter mit MBSR*. Herder, Freiburg 2016, S. 32.

17 Frederick Winslow Taylor, *The Principles of Scientific Management*. Harper & Brothers, New York, NY 1911.

18 Aaron Dignan, *Brave New Work: Are You Ready to Reinvent Your Organization?* Portfolio/Penguin, New York 2019, S. 13.

19 Ebd., S. 246.

Die agile Revolution.
Vom Wasserfallmodell zum *distributed* Scrum

1 Edward M. Coffman, *The War to End All Wars. The American Military Experience in World War I*. University Press of Kentucky, Lexington, KY 1998.

2 Tom Seymour, Sara Hussein, »The History Of Project Management«, in: *International Journal of Management & Information Systems* (IJMIS), 18(4) 2014, S. 233-240.

3 Peter Naur, Brian Randell, *Software Engineering. Report on a Conference Sponsored by the NATO Science Committee, Garmisch, Germany, 7th to 11th October 1968*, S. 75.

4 Winston W. Royce, »Managing the Development of Large Software Systems«. Proceedings, IEEE WESCON, August 1970, S. 1-9.

5 Mark C. Layton, Steven J. Ostermiller, *Agile Project Management for Dummies*. John Wiley & Sons, Inc., Hoboken, NJ 2017, S. 11.

6 Jeff Sutherland, *Scrum: The Art of Doing Twice the Work in Half the Time*. Crown Business, New York 2014, S. vii.

7 Sharon Florentine, »More than half of IT projects still failing«, in: CIO.com, 11.05.2016. The Standish Group, *Report CHAOS*, 2014, https://www.projectsmart.co.uk/white-papers/chaos-report.pdf. Louis Woodhill, »The Obamacare Website Failed For The Same Reason The Soviet Union Did«, in: *Forbes*, 13.11.2013. Rajeev Syal, »Abandoned NHS IT system has cost £10bn so far«, in: *The Guardian*, 18.9.2013.

8 *The Agile Manifesto,* 2001, http://agilemanifesto.org

9 Die Teilnehmer des Gründungstreffens waren Kent Beck, Mike Beedle, Arie van Bennekum, Alistair Cockburn, Ward Cunningham, Martin Fowler, James Grenning, Jim Highsmith, Andrew Hunt, Ron Jeffries, Jon Kern, Brian Marick, Robert C. Martin, Steve Mellor, Ken Schwaber, Jeff Sutherland und Dave Thomas. Kent Beck, Cynthia Andres, *Extreme Programming Explained. Embrace Change.* Addison-Wesley, Boston, MA 2005.

10 Jeff Sutherland, *Scrum: The Art of Doing Twice the Work in Half the Time*, S. 9, S. 8.

11 Robert Schmidt, *Soziologie der Praktiken. Konzeptionelle Studien und empirische Analysen.* Suhrkamp, Frankfurt am Main 2012, S. 186.

12 Wikimedia: Rugby union scrum, contested between Newport RFC (in hoops) and London Welsh (solids), 31.12.1904.

13 Andrew Stellman, *Learning Agile*, S. 5.

14 Andreas Boes et al., *»Lean« und »agil« im Büro*, S. 29.

15 Andrew Stellman, *Learning Agile,* S. 5.

16 Ebd., S. 24.

17 Bertrand Meyer, *Agile! The Good, the Hype and the Ugly.* Springer, Basel, 2014, S. 154.

18 Ebd.

19 Bertrand Meyer, *Agile! The Good, the Hype and the Ugly*, S. viii.

20 Amir Yasin, »Agile Is The New Waterfall«, in: medium.com, 13.10.2013.

21 Miriam Hoffmeyer, »Konflikte mit der neuen Rolle«, Interview, in: *Süddeutsche Zeitung*, 11.5.2019.

22 Andreas Boes et al., *»Lean« und »agil« im Büro*, S. 98. Andreas Boes, Tobias Kämpf, »Wie nachhaltig sind agile Arbeitsformen?«, in: Bernhard Badura et al., *Digitalisierung – gesundes Arbeiten ermöglichen.* Springer, Berlin 2019, S. 193-204, S. 199.

23 Tobias Kämpf, »Die digitale Transformation aus produktivkraft-

theoretischer Perspektive: Wohin entwickeln sich Kapitalismus und Arbeit?«, in: *Das Argument* 328/2018, S. 516-527, S. 522.

24 Kurt Cagle, »The End of Agile«, in: *Forbes*, 23.8.2019.

25 Amir Yasin, »Agile Is The New Waterfall«, in: medium.com, 13.10.2013.

26 Philipp Hohl et al., »Back to the Future: Origins and Directions of the ›Agile Manifesto‹ – Views of the Originators«, in: *Journal of Software Engineering Research and Development*, 12/2018.

27 Ver.di (Hrsg.), *Factsheet 5: Gute agile Arbeit. Gestaltungsempfehlungen aus dem Projekt diGAP*, 2020.

28 Ver.di (Hrsg.), *Agiles Arbeiten. Empfehlungen für die tarif- und betriebspolitische Gestaltung*, Januar 2020.

29 Barbara Schäder, »Agiles Arbeiten: Viele Firmen denken um«, in: *Stuttgarter Zeitung*, 21.9.2018.

30 Labourgames work and play, »Vanessa Barth from the German Union IG Metall about Good Work«, YouTube, 26.03.2019, https://www.youtube.com/watch?v=uNlmeTyjWhw

31 Sabine Pfeiffer et al., »Agile Methoden als Werkzeug des Belastungsmanagements? Eine arbeitsvermögensbasierte Perspektive«, in: *Arbeit*, Volume 23: Issue 2, 2016.

32 Ver.di (Hrsg.), *Gestörtes Arbeiten, schlechteres Arbeiten. So beurteilen die Beschäftigten im Dienstleistungssektor den Zusammenhang. Ein Report auf Basis von Repräsentativumfragen zum DGB-Index Gute Arbeit.* August 2019, S. 7, S. 17, S. 9.

33 Wolf Lotter, »Die Gestörten«, in: *brand eins* Ideenwirtschaft 2007.

34 Keynote von Sabine Pfeiffer am 30.1.2020 auf der diGAP-Abschlusstagung »Gute agile Projektarbeit«.

35 JJ Sutherland, »Distributed Teams: How To Mitigate A Significant Business Risk Of The Coronavirus«, in: scruminc.com, 28.2.2020.

36 Jeff Sutherland, »Fully Distributed Scrum. Linear Scalability of Production between San Francisco and India«, in: scruminc.com, 1.8.2009.

37 Microsoft, »Arbeitswelt im Wandel: Was bedeutet Flexibilisierung für Unternehmen?« https://cmk.faz.net/cms/articles/11196/source/11180

Die große Code-Industrie: Einblick in den Maschinenraum der Algorithmenfabriken

1 Mark C. Layton, Steven J. Ostermiller, *Agile Project Management For Dummies*, S. 10.

2 Jaime Rubio Hancock, »Margaret Hamilton, la pionera de la programación que llevó el Apolo a la Luna«, Interview, in: *El País*, 25.12.2014.

3 Sydney Padua, *The Thrilling Adventures of Lovelace and Babbage*, Pantheon Books, 2015, S. 25. Zitiert nach: Lizzie O' Shea, *Future Histories: What Ada Lovelace, Tom Paine, and the Paris Commune Can Teach Us About Digital Technology*. Verso, London 2019, S. 123.

4 Jan Rähm, »Frauenmangel in der IT-Branche« (Radiobeitrag). Deutschlandfunk, 19.1.2019.

5 Marie Zahout, »Die IT-Branche und ihr Frauenproblem«, in: *Der Tagesspiegel*, 8.3.2019.

6 Tobias Kämpf, »Die digitale Transformation aus produktivkrafttheoretischer Perspektive: Wohin entwickeln sich Kapitalismus und Arbeit?«, in: *Das Argument* 328/2018, S. 516-527, S. 521.

7 Ebd.

8 Jan Mahn, »Microsoft kauft GitHub«, in: *c't* 14/2018, S. 40.

9 996.ICU, 996.ICU, (2019), GitHub repository, https://github.com/996icu/996.ICU. Kevin Lin, »Tech Worker Organizing in China: A New Model for Workers Battling a Repressive State«, in: *New Labor Forum* 2020, Vol. 29(2), S. 52-59.

10 Lint Finley, »How GitHub Is Helping Overworked Chinese Programmers«, in: *WIRED*, 4.4.2019.

11 Varun Kumar, »20 Interesting Facts and Statistics About GitHub«, RankRed, 14.8.2018.

12 Jan Mahn, »Microsoft kauft GitHub«, S. 40.

13 Siehe dazu: Timo Daum, »Technologie-Rekuperation, oder: Wie subversive Technologien absorbiert werden«, in: heise.de, 16.6.2019.

14 Adam Yuret, »Why Agile Isn't Working«, in: infoq.com, 29.03.2020.

15 Kathrin Passig, *Weniger schlecht programmieren*. O'Reilly, Köln 2013, S. 75.

16 Atlassian, »The #1 Software Development Tool Used By Agile Teams«, https://www.atlassian.com/software/jira

17 www.slack.com

18 Bain & Company, »Time, Talent, Energy«, in: bain.com, 7.3.2017.

19 Ursula Huws, »Logged In. The new economy makes it harder than ever to untangle capitalism from our daily lives«, in: https://www.jacobinmag.com/2016/01/huws-sharing-economy-crowdsource-precarity-uber-workers, 1.6.2016.

20 Cade Metz, »Google Is 2 Billion Lines of Code – And It's All in One Place«, in: *WIRED*, 16.9.2015.

21 Karl Marx, Friedrich Engels, *Werke*, Band 23, *Das Kapital*, Bd. I. Dietz, Berlin 1973, S. 433.

22 McKenzie Wark, *Capital is Dead*. Verso, London, New York 2019, S. 43.

23 Karl Marx, Friedrich Engels, *Werke*, Band 42, *Grundrisse der Kritik der Politischen Ökonomie*. Dietz, Berlin 1984, S. 590-605.

24 Nadine Müller, »Computerisierung: Software und Demokratisierung der Arbeit als Produktivkraft«, in: Florian Butollo, Sabine Nuss (Hrsg.), *Marx und die Roboter: Vernetzte Produktion, Künstliche Intelligenz und lebendige Arbeit*. Dietz, Berlin 2019, S. 224.

25 McKenzie Wark, *Capital is Dead*, S. 43.

Das Kapital dressiert, der Arbeiter pariert

1 Karl Marx, *Das Kapital*, S. 405.

2 Harry Braverman, *Die Arbeit im modernen Produktionsprozess*. Campus, Frankfurt (Main), New York, NY 1985, S. 71.

3 Adam Smith, Andrew S. Skinner, *The Wealth of Nations*. Penguin Books, Harmondsworth, Middlesex, New York, NY 1982, S. 7.

4 Adam Smith, *Der Wohlstand der Nationen. Eine Untersuchung seiner Natur und seiner Ursachen*. Dtv, München 2018, S. 36.

5 Zitiert nach: Stephen Cummings et al., *A New History of Management*. Cambridge University Press, Cambridge, United Kingdom, New York, NY 2017, S. 60.

6 Adam Smith, Andrew S. Skinner, *The Wealth of Nations*, S. 782.

7 Karl Marx, *Das Kapital*, S. 407.

8 Charles Babbage, *On The Economy of Machinery and Manufactures*, Routledge, 1993. Original von 1832, S. 175.

9 Harry Braverman, *Die Arbeit im modernen Produktionsprozess*, S. 77.

10 Charles Babbage, *Die Ökonomie der Maschine*. Kadmos, Berlin 1999. S. iii.

11 Karl Marx, *Das Kapital*, S. 445.

12 Wikipedia: Lohngruppe. https://de.wikipedia.org/wiki/Lohngruppe

13 Sidney Pollard, *The Genesis of Modern Management. A Study of the Industrial Revolution in Great Britain*. Cambridge, MA 1965, S. 163.

14 Gerard Hanlon, *The Dark Side of Management: A Secret History of Management Theory*. Routledge, Taylor & Francis Group, London, New York, NY 2016, S. 5.

15 Patrick Offe, *Poesie der Klasse. Romantischer Antikapitalismus im Vormärz*. Matthes & Seitz, Berlin 2017, S. 304.

16 Christoph Deutschmann, »Der Normalarbeitstag. Historische Funktion und Grenzen des industriellen Zeitarrangements«, in: Ingo Stützle, *Work-Work-Balance. Marx, die Poren des Arbeitstags und neue Offensiven des Kapitals*. Dietz, Berlin 2020, S. 57.

17 Claudia Sorger, »Was heißt denn hier normal? Die Erosion der Normalarbeitszeit und die Normalisierung der Teilzeitarbeit«, in: Ingo Stützle, ebd., S. 66.

18 Eva Illouz, *Saving the Modern Soul: Therapy, Emotions, and the Culture of Self-Help*. California University Press, Berkeley, CA 2008, S. 100.

19 Harlow S. Person, Vorwort zu Frederick Winslow Taylor, *Scientific Management, Comprising Shop Management, the Principles of Scientific Management, Testimony Before the Special House Committee*, S. v.

20 Frederick Winslow Taylor, *Scientific Management, Comprising Shop Management, the Principles of Scientific Management, Testimony Before the Special House Committee*, S. 25.

21 Harlow S. Person, Vorwort zu Frederick Winslow Taylor, *Scientific Management, Comprising Shop Management, the Principles of Scientific Management, Testimony Before the Special House Committee*, S. x.

22 Frederick Winslow Taylor, *Scientific Management, Comprising Shop Management, the Principles of Scientific Management, Testimony Before the Special House Committee*, S. 39.

23 Zitiert nach: Ángel Medinilla, *Agile Management: Leadership in an Agile Environment*. Springer, Berlin, Heidelberg 2012, S. 12.

24 Shoshana Zuboff, *In the Age of the Smart Machine: The Future of Work and Power*. Basic Books, New York, NY 1988, S. 43.

25 Frederick Winslow Taylor, *Scientific Management, Comprising Shop Management, the Principles of Scientific Management, Testimony Before the Special House Committee*, S. 40.

26 Robert Franklin Hoxie, *Scientific Management and Labor*. D. Appleton and Company, New York, NY 1915, S. 131.

27 David R. Roediger, Elizabeth D. Esch, *The Production of Difference: Race and Management of Labor in US History*. Oxford University Press, New York, NY 2012, S. 147.

28 Antonio Gramsci, *Gefängnishefte*, Band 9, Heft 22, §11 »Rationalisierung der Produktion und der Arbeit«. Argument, Hamburg 1981, S. 2086.

29 Norbert Wiener, *Mensch und Menschmaschine*. Alfred Metzner, Frankfurt am Main, Berlin 1952, S. 27.

Vom Fließband zur Agilität: Drei Revolutionen in der Automobilindustrie

1 *The New York Times*, 1928. Zitiert nach: Gesche Sager, »Der Diktator von Detroit«, in: *Der Spiegel*, 29.07.2008.

2 Toyota (Hrsg.), *Das Toyota Produktionssystem und seine Bedeutung für das Geschäft*, S. 10. https://www.tqu-group.com/we-dokumente/Downloads/ToyotaPS.pdf

3 Taiichi Ōno, Wilfried Hof, Mike Rother, *Das Toyota-Produktionssystem*. Campus, Frankfurt (Main) 2013, S. 28.

4 Shoshana Zuboff, *In the Age of the Smart Machine: The Future of Work and Power*. Basic Books, New York: 1988, S. 43.

5 Mike Rother, Vorwort zu Taiichi Ōno et al., *Das Toyota-Produktionssystem*, S. 7.

6 James P. Womack et al., *Die zweite Revolution in der Automobilindustrie*. Campus, Frankfurt (Main), New York 1992.

7 Hirotaka Takeuchi, Ikujiro Nonaka, »The New New Product Development Game«, in: *Harvard Business Review*, January 1986, Harvard Business School Publishing Corporation, S. 137-146.

8 Florian Butollo, »From Lean Production to Industrie 4.0: More Autonomy for Employees?«, in: Uli Meyer et al., *Digitalization in Industry: Between Domination and Emancipation*. Palgrave Macmillan, Cham 2019, S. 61-80, S. 63.

9 Taiichi Ōno et al., *Das Toyota-Produktionssystem*, S. 30.

10 Ebd., S. 7.

11 Ebd., S. 11.

12 Lu Zhang, »Lean Production ›with Chinese Characteristics‹: A Case Study of China's Automobile Industry«, in: *International Journal of Sociology*, 45:2, 2015, S. 152-170.

13 Florian Butollo, »From Lean Production to Industrie 4.0«, S. 70.

14 Siehe als Überblick: Max J. Zenglein, Jost Wübbeke, Björn Conrad, *Von der »Werkbank der Welt« zur Innovationswirtschaft*, bpb, 7.9.2018, https://www.bpb.de/izpb/275570/von-der-werkbank-der-welt-zur-innovationswirtschaft

15 Foto: Lu Zhang.

16 Taiichi Ōno et al., *Das Toyota-Produktionssystem*, S. 167.

17 Andreas Boes et al., *»Lean« und »agil« im Büro*, S. 13.

18 Siehe Timo Daum, *Das Auto im digitalen Kapitalismus: Wenn Algorithmen und Daten den Verkehr bestimmen*. Oekom, München 2019.

19 https://jobs.daimler.com/Stellenanzeige/259061/it-process-specialist.html?lang=de

20 *KonzernIT Daimler*, eine Sonderedition von automotiveIT, 02/2019, S. 8.

21 Ebd., S. 10.

22 Bernd Ziesemer, »Neue Tonlage im VW-Konzern«, in: *Capital*, 11.6.2018.

23 Volkswagen AG (Hrsg.), »Volkswagen Konzern setzt auf neue Formen der Zusammenarbeit«, 14.7.2017, https://www.volkswagen ag.com/de/news/2017/07/Volkswagen_Konzern_setzt_auf_neue_F ormen_der_Zusammenarbeit.html

24 Christian Senger im Interview, in: *CarIT* 03, 2019, S. 17.

25 Stefan Menzel, »›Smartphones auf vier Rädern‹ – VW bündelt die Softwareentwicklung in neuer Gesellschaft«, in: *Handelsblatt*, 14.11.2019.

26 Andreas Floemer, »Tesla als Vorbild: Volkswagen investiert Milliarden in eigene Software-Plattform VW.OS«, in: t3n.de, 18.6.2020

27 Olaf Preuß, »Das sagt Volkswagens Software-Chef über die digitale Jagd auf Tesla«, in: *Die Welt*, 18.6.2020.

28 Stefan Menzel, »›Smartphones auf vier Rädern‹«.

29 Olaf Preuß, »Der wahre Herrscher über den Volkswagen-Konzern«, in: *Die Welt*, 13.6.2020.

30 Peter Schadt, *Die Digitalisierung der deutschen Autoindustrie.*

Kooperation und Konkurrenz in einer Schlüsselbranche. Papy-Rossa, Köln 2020.

31 Antonio Patti, »Tesla Model 3 Agile Car Development Framework«, in: antoniopatti.it, 3.5.2017.

32 Kyle Field, »Tesla Has Applied Agile Software Development To Automotive Manufacturing«, in: CleanTechnica.com, 1.9.2018.

Wir sind ja nicht zum Spaß hier

1 Niklas Luhmann, Jürgen Kaube, *Der neue Chef.* Suhrkamp, Berlin 2016, S. 47.

2 Stephen Cummings et al., *A New History of Management*, S. 118, S. 124.

3 Max Weber, *Die protestantische Ethik und der Geist des Kapitalismus*. Mohr, Tübingen 1904, S. 12.

4 Luc Boltanski, Ève Chiapello, *Der neue Geist des Kapitalismus*. UVK, Konstanz 2006, S. 44.

5 Ebd.

6 Ebd., S. 43.

7 Ebd., S. 143.

8 Ebd., S. 150.

9 Gunter Dueck zum Thema »Bildung der Zukunft oder Kopfreform?«, YouTube, https://www.youtube.com/watch?v=gI_zKqod cP0

10 Michael Hammer, James Champy, *Business Reengineering: Die Radikalkur für das Unternehmen.* Campus, Frankfurt (Main), New York 1995, S. 32.

11 Ursula Huws, »Logged In«.

12 Siehe Roberto Ohrt (Hrsg.), *Der Beginn einer Epoche: Texte der Situationisten.* Edition Nautilus, Hamburg 2008, S. 48.

13 Oliver Nachtwey, Timo Seidl, *Die Ethik der Solution und der Geist des digitalen Kapitalismus*, IFS WORKING PAPER #11, Oktober 2017, S. 11.

14 Luc Boltanski, Ève Chiapello, *Der neue Geist des Kapitalismus*, S. 146.

15 »Für eine Erneuerung der Sozialkritik. Luc Boltanski und Ève Chiapello im Gespräch mit Yann Moulier Boutang«, in: Gerald Raunig et al., *Kritik der Kreativität.* Transversal texts, Wien 2016, S. 167-189, S. 171.

16 Tim Seitz, *Design Thinking und der neue Geist des Kapitalismus: Soziologische Betrachtungen einer Innovationskultur.* Transcript, Bielefeld 2017, S. 124.

17 Johan Huizinga, »Das Spielelement der Kultur (1934)«, in: Johan Huizinga et al., *Das Spielelement der Kultur.* Matthes & Seitz, Berlin 2014, S. 18-45.

18 Johan Huizinga, *Homo ludens: Vom Ursprung der Kultur im Spiel.* Rowohlt, Reinbek bei Hamburg 1991, S. 32.

19 Ebd., S. 37.

20 Ebd., S. 197.

21 Knut Ebeling, Vorwort zu Johan Huizinga et al., *Das Spielelement der Kultur.* Matthes & Seitz, Berlin 2014, S. 11, S. 16.

22 Johan Huizinga, »Das Spielelement der Kultur (1934)«, in: Johan Huizinga et al., *Das Spielelement der Kultur*, S. 38.

23 Georges Bataille, »Sommes nous-là pour jouer ou pour être sérieux?«, in: *Critique* n°49, 1951. Georges Bataille, »Spiel und Ernst (1951)«, in: Huizinga, Johan et al., *Das Spielelement der Kultur*, S. 75-111, S. 93, S. 95.

24 Jean Baudrillard, *Passwörter.* Merve, Berlin 2002, S. 17.

25 Frederick Winslow Taylor, *Scientific Management, Comprising Shop Management, the Principles of Scientific Management, Testimony Before the Special House Committee*, S. 44.

26 Jimmy Soni, Rob Goodman, *A Mind at Play: How Claude Shannon Invented the Information Age.* Simon & Schuster, New York 2017.

27 Kommission für Zukunftsfragen Bayern Sachsen Erwerbstätigkeit 1997, S. 36, zitiert nach: Ulrich Bröckling, *Das unternehmerische Selbst. Soziologie einer Subjektivierungsform.* Suhrkamp, Frankfurt am Main 2007, S. 12.

28 Janosch Schobin, Philipp Staab, »It's All in the Game. Emancipation in Digitalized Working Environments.«, in: Uli Meyer et al., *Digitalization in Industry: Between Domination and Emancipation.* Palgrave Macmillan, Cham 2019, S. 111-131, S. 115, S. 117.

29 Knut Ebeling, Vorwort zu Johan Huizinga et al., *Das Spielelement der Kultur*, S. 10.

30 Alexander Friedrich et al., *Arbeit und Spiel.* Nomos, Baden-Baden 2018, S. 6.

31 Michael Hardt, Antonio Negri, *Multitude. Krieg und Demokratie*

im Empire. Campus, Frankfurt (Main), New York 2004. Guy Standing, Sven Wunderlich. *Eine Charta des Prekariats. Von der ausgeschlossenen zur gestaltenden Klasse.* Unrast, Münster 2016. Freundinnen und Freunde der klassenlosen Gesellschaft, *Klasse, Krise, Weltcommune. Beiträge zur Selbstabschaffung des Proletariats.* Edition Nautilus, Hamburg 2019.

32 McKenzie Wark, *Capital is Dead*, S. 11. McKenzie Wark, *Hacker-Manifest* = *A hacker manifesto.* Beck, München 2005, Abschnitt 032.

33 Shoshana Zuboff, Bernhard Schmid, *Das Zeitalter des Überwachungskapitalismus.* Campus, Frankfurt (Main), New York 2018.

34 McKenzie Wark, *On General Intellects.* YouTube, 25.5.2017, https://www.youtube.com/watch?v=8mcy6_cGjNE

35 McKenzie Wark, *Hacker-Manifest*, S. 073.

36 Ebd., S. 203.

37 Asger Jorn, *The Natural Order and Other Texts.* Ashgate, Aldershot 2002, S. 171.

38 McKenzie Wark, *Hacker-Manifest,* S. 206.

39 Jeanne C. Meister et al., *The Future Workplace Experience: 10 Rules for Mastering Disruption in Recruiting and Engaging Employees.* McGraw Hill Education, New York, NY 2017, S. 57.

40 Andrea Baier et al., *Die Welt reparieren.* Transcript, Bielefeld 2016, S. 29.

41 Klara-Aylin Wenten, »Controlling Labor in Makeathons: On the Recuperation of Emancipation in Industrial Labor Processes«, in: Uli Meyer et al., *Digitalization in Industry: Between Domination and Emancipation*, S. 153-177, S. 154.

42 Ebd.

43 Siehe dazu: Timo Daum, »Den Kapitalismus reparieren – die große Illusion der Maker«, in: heise.de, 15.9.2019.

44 Silvia Lindtner, »Laboratory of the Precarious: Prototyping Entrepreneurial Living in Shenzhen«, in: *Women's Studies Quarterly*, Volume 45, Numbers 3 & 4, Herbst/Winter 2017, S. 287-305.

45 Ebd., S. 288.

46 Ebd., S. 289.

47 Lizzie O'Shea, *Future Histories: What Ada Lovelace, Tom Paine, and the Paris Commune Can Teach Us About Digital Technology,* S. 140.

Wo ist bloß der Chef geblieben?

1 Harry Braverman, *Die Arbeit im modernen Produktionsprozess*, S. 60. Hervorhebung im Original.

2 Stuart Umpleby, »Definitions of Cybernetics«. Asc-cybernetics.org, 1982; revised 2000.

3 Norbert Wiener, *Kybernetik. Regelung und Nachrichtenübertragung im Lebewesen und in der Maschine.* Econ, Düsseldorf, Wien 1963, S. 20.

4 Stafford Beer, *Kybernetik und Management*, S. Fischer, Hamburg 1962, S. 13.

5 Georg Klaus, *Kybernetik in philosophischer Sicht.* Dietz, Berlin 1962, S. 375.

6 Stafford Beer, *Decision and Control*, Wiley, London 1966, S. 230.

7 Tiqqun, *Alles ist gescheitert. Es lebe der Kommunismus!* Laika, Hamburg 2013, S. 203. Hervorhebung im Original.

8 Stafford Beer, *Kybernetik und Management.* 21. Kapitel: Fortschritt auf dem Weg zum kybernetischen Unternehmen (Nachtrag zur 3. Auflage aus dem Jahre 1967), S. 251.

9 Ebd., S. 255.

10 Stafford Beer, *Brain of the Firm. The Managerial Cybernetics of Organizations.* J. Wiley, Chichester, England, New York 1981, S. xi.

11 Ebd.

12 Stephen Denning, *The Age of Agile: How Smart Companies Are Transforming the Way Work Gets Done.* AMACOM, American Management Association, New York, NY 2018, S. 104-106.

13 Andreas Boes et al., *»Lean« und »agil« im Büro*, S. 12f.

14 Dirk Baecker, *4.0 oder Die Lücke, die der Rechner lässt.* Merve, Leipzig 2018, S. 173.

15 Andrew McAfee, *Enterprise 2.0: New Collaborative Tools For Your Organization's Toughest Challenges.* Harvard Business Press, Boston, MA 2009.

16 Stafford Beer, *Kybernetik und Management*, S. 265.

17 Stafford Beer, *Brain of the Firm.* John Wiley, London, New York 1988, S. 104.

18 Phoebe V. Moore, *The Quantified Self in Precarity: Work, Technology and What Counts.* Taylor and Francis, London 2017, S. 62.

19 Niklas Luhmann, Jürgen Kaube, *Der neue Chef*, S. 38.

20 Ebd., S. 90.

21 Reinhardt Zudrop, »Zum Verständnis von Agilität«, in: *Digitalforum Führen 2019*, 7.11.2018.

22 Ève Chiapello im Gespräch mit Yann Moulier Boutang, S. 171.

23 Bertelsmann Stiftung, Arbeiten 4.0. Wie werden wir in Zukunft arbeiten? Ergebnisse des BarCamps Arbeiten 4.0, 2015.

24 Jacob Bøtter, Lars Kolind, *Unboss.* [E-Book]. Jyllands-Postens Forlag, Kopenhagen 2012.

25 Dirk Schütz, »›Unboss your company‹: Die Novartis-Revolution«, in: *Handelszeitung*, 5.7.2019.

26 Brian J. Robertson, *Holacracy. Ein revolutionäres Management-System für eine volatile Welt.* Franz Vahlen, München 2016, S. 23, S. 154.

27 Ulrich Bröckling, *Gute Hirten führen sanft*, S. 9.

28 Ebd.

29 Clevis Consult, FUTURE TALENTS REPORT – DIGITAL GAME CHANGER IM FOKUS, https://www.clevis.de/future-talents/

30 Das einschlägige Lenin-Zitat ist nicht belegt, wohl aber die Verwendung des russischen Sprichworts *Доверяй, но проверяй* (Vertraue, aber prüfe nach).

31 Phoebe V. Moore, *The Quantified Self in Precarity*, S. 38.

32 Peter F. Drucker, *The Practice of Management.* Perennial Library, New York 1986, S. 62.

33 Daniel Bakir, »Aufstand der Päckchen-Roboter«, in: *Stern*, 25.11. 2013.

34 www.rescuetime.com

35 Statista, »Fitness«, https://de.statista.com/outlook/313/137/fitness/ deutschland

36 Deborah Lupton, *The Quantified Self: A Sociology of Self-Tracking.* Polity Press, Cambridge, Malden, MA 2016, S. 2.

37 Anna-Verena Nosthoff, Felix Maschewski, *Die Gesellschaft der Wearables: Digitale Verführung und soziale Kontrolle.* NP&I, Berlin 2019, S. 12.

38 Kia Kokalitcheva, »Startups' new frontier: Optimizing your friendships«, in: Axios.com, 27.8.2019. Kaitlyn Tiffany, »Managing Your Friendships, With Software«, in: *The Atlantic*, 7.11.2019.

39 Simon Schaupp, *Digitale Selbstüberwachung: Self-Tracking im kybernetischen Kapitalismus.* Verlag Graswurzelrevolution, Heidelberg 2016, S. 81, S. 14.

40 Phoebe V. Moore, *The Quantified Self in Precarity*, S. 64.

41 Phoebe V. Moore, »Agiles Arbeiten und Messung des Affektiven«, in: Florian Butollo, Sabine Nuss (Hrsg.), *Marx und die Roboter: Vernetzte Produktion, Künstliche Intelligenz und lebendige Arbeit*, S. 237-254, S. 239.

42 Ulrich Bröckling, *Gute Hirten führen sanft*, S. 134.

43 Phoebe V. Moore, *The Quantified Self in Precarity*, S. 40.

44 Slavoj Žižek, *Pandemic! COVID-19 Shakes the World*. Polity Press, Cambridge 2020, S. 25.

Free solo: Arbeitskraftunternehmer von der Dampfmaschinenzeit bis heute

1 Tawny Paul, *The Poverty of Disaster: Debt and Insecurity in Eighteenth-Century Britain*. Cambridge University Press, New York 2019.

2 Tawny Paul, »The gig economy is nothing new – it was standard practice in the 18th century«, in: *The Conversation*, 18.7.2017.

3 John K. Galbraith, *The New Industrial State*. Princeton University Press, Princeton, NJ 2007.

4 Louis Hyman, *Temp: How American Work, American Business, and the American Dream became Temporary*. Viking, New York, NY 2018, S. 4.

5 Ebd., S. 2.

6 Louis Hyman, *Temp: How American Work, American Business, and the American Dream became Temporary*, S. 6.

7 David F. Noble, *Forces of Production: A Social History of Industrial Automation*. Transaction Publishers, New Brunswick, NJ 2011, S. 32.

8 Gary S. Becker, *Human Capital: A Theoretical and Empirical Analysis, with Special Reference to Education*. University of Chicago Press, Chicago, IL 1993.

9 Zitiert nach Louis Hyman, *Temp: How American Work, American Business, and the American Dream became Temporary*, S. 256.

10 Lawrence F. Katz, Alan B. Krueger, »The Rise and Nature of Alternative Work Arrangements in the United States, 1995-2015«, in: *ILR Review*, 29.3.2016, S. 7. Dan Kopf, »Almost all the US jobs

created since 2005 are temporary«, in: *Quartz*, 5.12.2016, https://qz .com/851066/almost-all-the-10-million-jobs-created-since-2005-ar e-temporary.

11 Upwork.com, »Freelancing in America« (Infografik), https://ad quiro-content-prod.s3-us-west-1.amazonaws.com/documents/190 919_r3_Freelancing+in+America+2019+Infographic.pdf.

12 Emanuele Menegatti, »A Fair Wage for Workers On-demand via App«, in: Edoardo Ales et al., *Working in Digital and Smart Organizations: Legal, Economic and Organizational Perspectives on the Digitalization of Labour Relations*. Palgrave Macmillan, Cham 2018, S. 69.

13 Deutscher Crowdsourcing Verband e. V. & German Crowdfunding Network, Website, abgerufen am 30.4.2020.

14 Tom Slee, *Deins ist Meins: Die unbequemen Wahrheiten der Sharing Economy*. Kunstmann, München 2016.

15 Dominique Méda, »Le nouveau monde enchanté des plate-formes: du mythe à la désillusion«, in: Sarah Abdelnour, Dominique Méda, *Les nouveaux travailleurs des applis*. laviedesidées.fr, Paris 2019, S. 92.

16 Karl Marx, Friedrich Engels, *Werke*, Band 4, »Manifest der Kommunistischen Partei«. Dietz, Berlin 1990, S. 459-493, S. 462.

17 Patrick Offe, *Poesie der Klasse*, S. 218.

18 Günter Voß, Hans J. Pongratz, »Der Arbeitskraftunternehmer. Eine neue Grundform der Ware Arbeitskraft?«, in: *Kölner Zeitschrift für Soziologie und Sozialpsychologie*, Jhg. 50 (1), 1998, S. 131-158.

19 O. A., »»Charakter eines digitalen Minijobs‹. Interview mit dem Arbeitssoziologen Hans J. Pongratz«, in: *Mieterecho* 407 / Januar 2020, S. 12.

20 Ulrich Bröckling, Das unternehmerische Selbst. Soziologie einer Subjektivierungsform. Suhrkamp, Frankfurt am Main 2003, S. 275.

21 Michel Foucault, *Die Geburt der Biopolitik: Vorlesung am Collège de France 1978/1979*. Suhrkamp, Frankfurt am Main 2006, S. 314.

22 Maurizio Lazzarato, Joshua D. Jordan, *Signs and Machines: Capitalism and the Production of Subjectivity*. Semiotext(e), Los Angeles, CA 2014, S. 9.

23 Jeanne C. Meister et al., *The Future Workplace Experience: 10 R*, S. 53.

24 Charles B. Handy, *The Age of Unreason*. Harvard Business School Press, Boston, MA 1989, S. 148.

25 Stephan Siemens, Martina Frenzel, *Das unternehmerische Wir. Formen der indirekten Steuerung in Unternehmen.* VSA, Hamburg 2016, S. 21, S. 148.

26 Wendy Brown, *Undoing the Demos: Neoliberalism's Stealth Revolution.* Zone Books, MIT Press, New York, NY, Cambridge, MA 2015, S. 10.

27 Thomas Straubhaar, *Radikal gerecht: Wie das bedingungslose Grundeinkommen den Sozialstaat revolutioniert.* Edition Körber, Hamburg 2017, S. 33.

28 Konrad Paul Liessmann, »Arme Arbeit«, in: *Neue Zürcher Zeitung,* 27.4.2016, S. 11.

29 Thomas Straubhaar, a. a. O., S. 100.

30 O. A., Frankfurter Manifest. *Digitalisierung? Grundeinkommen! Möglichkeiten einer emanzipatorischen Gestaltung.* 13.6.2018, https://digibge.files.wordpress.com/2018/06/abschlusserklaerung.pdf

31 Tonia Merz, »Mit dem bedingungslosen Grundeinkommen durch die Coronakrise«, https://www.change.org/p/finanzminister-olaf-scholz-und-wirtschaftsminister-peter-altmaier-mit-dem-bedin gungslosen-grundeinkommen-durch-die-coronakrise-coronavirus de-olafscholz-peteraltmaier-bmas-bund-hubertus-heil

32 Meinungsforschungsinstitut Civey, https://civey.com/umfragen/82 60

Das Kapital macht agil, bei Arbeit, Sport und Spiel

1 Jeff Sutherland, *Scrum: The Art of Doing Twice the Work in Half the Time,* S. 34.

2 Tanya Basuarchive, »Meet the parents using Trello to plan their kids' coronavirus homeschooling«, in: *MIT Technology Review,* 1.4.2020.

3 Ben Bergman, »»It Felt Like a Black Mirror Episode‹. The Inside Account of How Bird Laid off 406 People in Two Minutes via a Zoom Webinar«, in: Dot.LA, 1.4.2020.

4 Noelia Sastre, Interview mit Alejandra Martínez: »Ya no servirá el trabajo presencial ni el control excesivo«, in: *El Periódico,* 4.4.2020.

5 Gerald Raunig et al., *Kritik der Kreativität*. Transversal texts, Wien 2016, S. 142.

6 Aldous Huxley, *Schöne neue Welt. Ein Roman der Zukunft*. Fischer Taschenbuch, Frankfurt am Main 2014. Dave Eggers, *Der Circle*. Kiepenheuer & Witsch, Köln 2014. BBC, *Black Mirror* (Fernsehserie). Ab 2011.

Glossar

Backlog Eine nach Prioritäten geordnete Liste an Anforderungsbeschreibungen, deren Erledigung ansteht.

burn down chart Diagramm zur Visualisierung des Arbeitsstands in der aktuellen Iteration (Sprint). Ausstehende Aufgaben werden in Relation zur verbleibenden Zeit visualisiert.

Business Owner Geschäftsführung bzw. diejenigen, die geschäftliche Verantwortung und den Return on Investment im Blick haben. Keine agile Rolle im engeren Sinn.

continuous deployment Kontinuierliche Auslieferung funktionierender Softwareinkremente. Neu erstellte Features werden oft in einen automatisierten Test- und Evaluationsablauf eingespeist. Ziel ist dabei, die Zeit zwischen der Erstellung von Features und deren Nutzbarkeit durch den Endnutzer zu minimieren.

Daily Standup (Meeting) Täglich stattfindendes kurzes Statusmeeting für das gesamte Team, das im Stehen abgehalten wird – eine der am häufigsten praktizierten agilen Techniken.

epic Zusammenfassung von verwandten Anwendungsfällen (*user stories*).

estimation Schätzung des zur Durchführung einer bestimmten Entwicklungsaufgabe erforderlichen Aufwands. Diese wird meist in Form von *story points* vorgenommen.

increment Lauffähiges Produktinkrement. Die Summe aller während eines Sprints abgeschlossenen Aufgaben, die zu einem funktionierenden neuen Stand des Gesamtprodukts führen.

Iteration Festgelegter Zeitraum, den ein Entwicklungssprint bis zum Erreichen des nächsten Produktinkrements dauert. Die Dauer kann von Projekt zu Projekt variieren.

just in time Nachfragegesteuerte Lieferung, Bereitstellung zum Zeitpunkt des Bedarfs. Zentrales Paradigma des Lean Managements.

Kaizen Kontinuierliche Verbesserung. Prinzip aus dem Lean Management.

Kanban Von agilen Teams angewendete Methode zur Prozessverbesserung. Kanban stammt aus dem Lean Management und bezeichnet dort Karten, die Stückzahlen ausweisen und als Grundlage zum Verwalten und Verbessern des Produktionsflusses dienen.

Lean Management, Lean Production Aus Japan stammende Managementmethode (Toyota Produktionssystem), nimmt viele Elemente von Agilität vorweg.

planning poker Verfahren zur Schätzung von Aufwänden. Teammitglieder »spielen« mit Karten, die einer Punkteschätzung für *user stories* entsprechen. Mitunter kommen auch Smartphoneapps zum Einsatz, die die physischen Karten ersetzen.

Product Backlog Liste aller Features, Fehler und sonstigen Anforderungen, die in einem Projekt insgesamt zur Bearbeitung vorgesehen sind.

Product Owner Rolle bei Scrum, die bestimmt, welche Funktionen realisiert werden, dabei die Anforderungen aus Kundensicht im Blick behält und sicherstellt, dass das Team die gewünschten Ergebnisse erzielt.

retro(spective) (meeting) Retrospektive, ein Meeting-Format für Feedback und Optimierung des Teams.

Scrum ist ein Framework für agiles Arbeiten, eine weitverbreitete Implementierung der agilen Prinzipien. Scrum setzt stark auf festgelegte Rollen.

Scrum Master Rolle bei Scrum, die das Entwicklungsteam betreut und hilft, Hindernisse aus dem Weg zu räumen. Der Scrum Master ist dafür verantwortlich, dass das Team nach agilen Werten und Grundsätzen arbeitet.

Sprint Zeitbasierte Iteration eines kontinuierlichen Entwicklungszyklus, die meist zwei oder drei Wochen dauert. Innerhalb eines Sprints muss die geplante Menge an Arbeit erledigt und zur Überprüfung vorbereitet werden.

Sprint Backlog Teilmenge des Product Backlogs, die ein Team während eines Sprints abarbeitet.

sprint planning (meeting) Zu Beginn eines jeden Sprints stattfindendes Planungstreffen des gesamten Teams, bei dem das Team diejenigen Elemente aus dem Product Backlog festlegt, die es während des bevorstehenden Sprints abzuarbeiten gedenkt.

sprint review (meeting) Am Ende eines Sprints durchgeführtes Treffen, bei dem das erreichte Inkrement überprüft und ggfs. der Product Backlog angepasst wird.

story points Einheit für Aufwandsschätzungen.

sustainable pace In *story points* pro Zeiteinheit gemessenes Arbeitstempo des Teams, das es auf unbestimmte Zeit aufrechtzuerhalten in der Lage sein soll.

task board Visuelle Darstellung der Übersicht aller aktuellen Aufgaben.

Team Kleine Gruppe von Menschen, die dem gleichen Projekt zugeordnet sind, meist zwischen fünf und neun Mitgliedern.

use case Anwendungsfall, konkrete Anforderungen aus Kundensicht beschreiben, meist in Form einer *user story.*

user story Alltagssprachlich formulierte Beschreibung einer Softwarefunktion aus Nutzersicht, sie besteht in der Regel aus nicht mehr als zwei Sätzen.

velocity Geschwindigkeit des Teams. Durchschnitt aller von einem Team erledigten Aufgaben während eines Sprints, meist gemessen in *story points* geteilt durch die aufgewendete Zeit.

version control In der Softwarebranche weit verbreitete Backupmethode für Codeversionen. Versionskontrolle ist keine agile Praxis im engeren Sinn.

Auswahlbibliografie

Albrecht, Gerlinde, Fries, Sabine, *Achtsamkeit im Job: Zufriedener und entspannter mit MBSR.* Herder, Freiburg 2016.

Babbage, Charles, *Die Ökonomie der Maschine.* Kadmos, Berlin 1999.

Baecker, Dirk, *4.0 oder Die Lücke die der Rechner lässt.* Merve, Leipzig 2018.

Beer, Stafford, *Kybernetik und Management.* S. Fischer, Hamburg 1962.

Boes, Andreas, Kämpf, Tobias, Langes, Barbara, Lühr, Thomas, *»Lean« und »agil« im Büro.* Transcript, Bielefeld 2019.

Boltanski, Luc, Chiapello, Ève, *Der neue Geist des Kapitalismus.* UVK, Konstanz 2003.

Bøtter, Jacob, Kolind, Lars, *Unboss.* [E-book]. Jyllands-Postens Forlag, Kopenhagen.

Braverman, Harry, *Die Arbeit im modernen Produktionsprozess.* Campus, Frankfurt (Main), New York. NY 1985.

Bröckling, Ulrich, *Gute Hirten führen sanft. Über Menschenregierungskünste.* Suhrkamp, Berlin 2017.

Butollo, Florian, Nuss, Sabine (Hrsg.), *Marx und die Roboter: Vernetzte Produktion, Künstliche Intelligenz und lebendige Arbeit.* Dietz, Berlin 2019.

Cummings, Stephen, Bridgman, Todd, Hassard, John, *A New History of Management.* Cambridge University Press, Cambridge, United Kingdom, New York, NY 2017.

Daum, Timo, *Das Kapital sind wir. Zur Kritik der digitalen Ökonomie.* Edition Nautilus, Hamburg 2017.

Daum, Timo, *Agile Methoden – Kollaborative Arbeitskultur oder digitaler Taylorismus?* Hrsg. von der Rosa-Luxemburg-Stiftung, Berlin 2019.

Denning, Stephen, *The Age of Agile: How Smart Companies*

Are Transforming the Way Work Gets Done. AMA-COM, American Management Association, New York, NY 2018.

Dignan, Aaron, *Brave New Work: Are You Ready to Reinvent Your Organization?* Portfolio/Penguin, New York 2019.

Drucker, Peter F., Maciariello, Joseph A., *Management.* Collins, New York, NY 2008.

Hanlon, Gerard. *The Dark Side of Management: A Secret History of Management Theory.* Routledge, Taylor & Francis Group, London, New York, NY 2016.

Huizinga, Johan, *Das Spielelement der Kultur. Spieltheorien nach Johan Huizinga von Georges Bataille, Roger Caillois und Eric Voegelin.* Herausgegeben und mit einem Vor- sowie einem Nachwort versehen von Knut Ebeling. Matthes & Seitz, Berlin 2014.

Huws, Ursula, *Labor in the Global Digital Economy: The Cybertariat Comes of Age.* Monthly Review Press, New York, NY 2014.

Hyman, Louis, *Temp: How American Work, American Business, and the American Dream became Temporary.* Viking, New York, NY 2018.

Layton, Mark C., Ostermiller, Steven J., *Agile Project Management for Dummies.* John Wiley & Sons, Hoboken, NJ 2017.

Luhmann, Niklas, Kaube, Jürgen, *Der neue Chef.* Suhrkamp, Berlin 2016.

Lupton, Deborah, *The Quantified Self: A Sociology of Self-Tracking.* Polity Press, Cambridge, Malden, MA 2016.

Meister, Jeanne C. et al., *The Future Workplace Experience: 10 Rules for Mastering Disruption in Recruiting and Engaging Employees.* McGraw Hill Education, New York, NY 2017.

Meyer, Bertrand, *Agile! The Good, the Hype and the Ugly.* Springer, Basel 2014.

Meyer, Uli, Schaupp, Simon, Seibt, David, *Digitalization in Industry: Between Domination and Emancipation.* Palgrave Macmillan, Cham 2019.

Moore, Phoebe V., »Agiles Arbeiten und Messung des Affektiven«, in: Florian Butollo, Sabine Nuss (Hrsg.), *Marx und die Roboter: Vernetzte Produktion, Künstliche Intelligenz und lebendige Arbeit*. Dietz, Berlin 2019, S. 237-254.

Moore, Phoebe V., »Tracking Affektive Labour for Agility in the Quantified Workplace«, in *Body & Society*, Volume 24, issue 3, 08/2018, pp. 39-67.

Moore, Phoebe V., *The Quantified Self in Precarity: Work, Technology and What Counts*. Taylor and Francis, London 2017.

Nosthoff, Anna-Verena, Maschewski, Felix, *Die Gesellschaft der Wearables: Digitale Verführung und soziale Kontrolle*. NP&I, Berlin 2019.

Offe, Patrick, *Poesie der Klasse. Romantischer Antikapitalismus im Vormärz*. Matthes & Seitz, Berlin 2017.

Ōno, Taiichi, Hof, Wilfried, Rother, Mike, *Das Toyota Produktionssystem*. Campus, Frankfurt (Main), New York, NY 1993.

Passig, Kathrin, *Weniger schlecht programmieren*. O'Reilly, Köln 2013.

Paul, Tawny, *The Poverty of Disaster: Debt and Insecurity in Eighteenth-Century Britain*. Cambridge University Press, New York, NY 2019.

Raunig, Gerald et al., *Kritik der Kreativität*. Transversal texts, Wien 2016.

Robertson, Brian J., *Holacracy: Ein revolutionäres Management-System für eine volatile Welt*. Franz Vahlen, München 2016.

Schaupp, Simon, *Digitale Selbstüberwachung: Self-Tracking im kybernetischen Kapitalismus*. Verlag Graswurzelrevolution, Heidelberg 2016.

Schmidt, Robert, *Soziologie der Praktiken. Konzeptionelle Studien und empirische Analysen*. Suhrkamp, Frankfurt am Main 2012.

Seitz, Tim, *Design Thinking und der neue Geist des Kapitalismus: Soziologische Betrachtungen einer Innovationskultur*. Transcript, Bielefeld 2017.

Siemens, Stephan, Frenzel, Martina, *Das unternehmerische Wir. Formen der indirekten Steuerung in Unternehmen*. VSA, Hamburg 2016.

Smith, Adam, *Der Wohlstand der Nationen. Eine Untersuchung seiner Natur und seiner Ursachen*. Dtv, München 2018.

Stellman, Andrew, *Learning Agile: Understanding Scrum, XP, Lean, and Kanban*. O'Reilly Media, Sebastopol, CA 2014.

Stützle, Ingo, *Work-Work-Balance. Marx, die Poren des Arbeitstags und neue Offensiven des Kapitals*. Dietz, Berlin 2020.

Sutherland, Jeff, *Scrum: The Art of Doing Twice the Work in Half the Time*. Crown Business, New York, NY 2014.

Taylor, Frederick Winslow, *Scientific Management, Comprising Shop Management, The Principles of Scientific Management, Testimony Before the Special House Committee*. Harper & Brothers, New York, NY, London 1911.

Tiqqun, *Alles ist gescheitert, es lebe der Kommunismus!* Laika, Hamburg 2013.

Wark, McKenzie, *General Intellects. Twenty-one Thinkers for the Twenty-first Century*. Verso, London, New York, NY 2017.

Wark, McKenzie, *Hacker-Manifest = A hacker manifesto*. Beck, München 2005.

Wark, McKenzie, *Capital is Dead*. Verso, London, New York, NY 2019.

Wiener, Norbert, *Kybernetik. Regelung und Nachrichtenübertragung im Lebewesen und in der Maschine*. Econ, Düsseldorf, Wien 1963.

Žižek, Slavoj, *Pandemic!: COVID-19 Shakes the World*. Polity Press, Cambridge 2020.

Zuboff, Shoshana, *In the Age of the Smart Machine: The Future of Work and Power*. Basic Books, New York, NY 1988.

Zu diesem Buch

Mit agilen Methoden war ich als autodidaktischer Programmierer und klassischer Projektmanager erstmals ca. 2011 in Berührung gekommen. Erst in den letzten Jahren und im Zusammenhang mit meinen Vorträgen und Diskussionen rund um den Digitalen Kapitalismus bekam ich das Stichwort Agilität wieder und immer öfter zu hören – als Versprechen, aber auch als Bedrohung. Daraufhin ging ich der Sache nach und kam zu der Erkenntnis, dass diese Methoden und die ihnen zugrundeliegenden Werte und Prinzipien verblüffend harmonisierten mit den Mechanismen und Erfordernissen eines Digitalen Kapitalismus, der zu meinem vorrangigen Gegenstand geworden war.

Im August 2018 erschien der zweiteilige Essay »Agil leben im Digitalen Kapitalismus« bei heise.de, der über tausend Zuschriften nach sich zog. Im gleichen Jahr stieß ich auf Phoebe Moores Buch *The Quantified Self in Precarity: Work, Technology and What Counts*, das Agilität in einen historischen Kontext von Quantifizierung und Management stellte. Seitdem habe ich Interviews geführt, mit Fachleuten gesprochen, mich nach den Erfahrungen von Menschen in unterschiedlichen Rollen und Settings erkundigt und bin zur Überzeugung gelangt, dass das *Agile Manifest* vor 20 Jahren den Startschuss gab für einen Subjektivierungsschub in Richtung eines agilen Selbst im Digitalen Kapitalismus.

Dank

Vielen Dank an Christoph Büch, Falk Eckert, Friedrich Geiger, Katja Grosser, Tobias Kämpf, Jürgen Kuri und die Heise-Community, Wiebke Lang, Michael Lorenz, Felix Maschewski, Phoebe Moore, Ulrike Müller, Anna-Verena Nosthoff, Dirk Platzek, Monika Rosenburg-Thurow, Marie Schäfer, Simildenstraße 1, Steffen Scholz, Stefan Stallmann, Patrick Stary, Frank Szelinski, Tech Workers Coalition Berlin, Christian Wille, Lu Zhang und Oliver Hörl fürs Lektorat.

Nachwort von Phoebe Moore

2001 schrieben 17 Softwareentwickler das *Manifest für Agile Softwareentwicklung*. Das Manifest spiegelte eine tiefe Ernüchterung über die Bürokratie wider, die ihrer Ansicht nach die Branche infiziert hatte. Wie sollen qualifizierte Ingenieure und Designer vorankommen und Erfolg haben, wenn ihnen bei der Ausübung ihrer Tätigkeit bloß Steine in den Weg gelegt werden? Wenn sie mit endlosen Aktualisierungsanfragen konfrontiert sind und, einem ständigen Druck durch Leistungskennzahlen ausgesetzt, ihre Aktivität von zunehmender Vermessung und metrikgesteuerten Anforderungen im Keim erstickt wird? Das in Fabriken verwendete Standard-Wasserfall-Modell würde bei der Softwareentwicklung einfach nicht funktionieren, erklärten die Autoren des Manifests, stattdessen müsse Agilität Einzug halten.

Heute ist Agilität tatsächlich zum vorherrschenden Modell der Arbeitsorganisation von Softwareentwicklung geworden. Sie stützt sich stark auf kollaborative Arbeit, gleichzeitig wirkt sie, gerade in Branchen, die nicht technologiegetrieben sind, in Richtung Vereinzelung und Verschiebung von Verantwortung. Im Idealfall kann es »Teams dabei helfen, auf Unvorhergesehenes mit schrittweisen, zyklischen Arbeitsphasen und empirischem Feedback zu reagieren«.[1] Andere Untersuchungen, insbesondere die Arbeit von Sabine Pfeiffer, weisen jedoch darauf hin, dass Management und Kontrolle dabei keineswegs verschwinden.[2]

Das Konzept der Agilität und die Prinzipien, die es vertritt, sind dabei im Kontext eines weit größeren Projekts des neoliberalen Kapitalismus zu sehen, das ein ähnliches Set an Verhaltensweisen erfordert, die wiederum in sich widersprüchlich sind. Ich begann, mich kritisch mit dem Thema Agilität auseinanderzusetzen, weil sie Normen mit sich bringt, die uns in Richtung einer weniger demokratischen und potenziell weit weniger wohlfahrtsorientierten Phase des Kapitalismus bringen. Die Leistungsaspekte des globalen neoliberal-kapitalistischen Modells, in dem wir heute leben, wurden in eine Reihe leicht verständlicher Prinzipien überführt, die zu einem automatisch anwendbaren Modell für das Verhalten am Arbeitsplatz geworden sind.

In meinen Untersuchungen habe ich herausgearbeitet, dass das Agile Manifest die Hierarchie zwischen Mensch und Maschine umkehrt: Weil sich Technologie ständig wandelt, müssen auch die Menschen ständig zu Veränderung bereit sein. In agilen Kontexten müssen sie sich nicht nur rasantem technologischen Wandel unterwerfen, sie müssen diese Anpassungsprozesse mittels affektiver Arbeit auch selbst managen, ja sie müssen selbst wie Maschinen handeln, von denen kontinuierliche Veränderung und Entwicklung erwartet wird. Die Arbeiter haben die Forderung an sie, zu performen, mittlerweile internalisiert. Sie vollziehen einen Subjektivierungsprozess, der sie zu beobachtenden unternehmerischen Subjekten einerseits und verdinglichten Arbeitskörpern andererseits macht. Gleichzeitig werden sie einer immer engeren Nachverfolgung und Beobachtung ausgesetzt, jede ihrer Bewegungen wird überwacht.

In der Geschichte des Managements lösen unterschiedliche Ideologien einander ab, die zwischen unterschiedlicher Gewichtung von Beherrschung und Zustimmung, externer und interner Kontrolle oszillieren. Auf eine Phase der Verbesserung von Arbeitsbedingungen und -beziehungen in der Endphase der Industrialisierung folgte das wissenschaftliche Management des Taylorismus, seinerseits abgelöst durch die Human Relations, aus denen wiederum Systemrationalismus und Organisationskultur und schließlich agile Managementsysteme hervorgingen. Wir befinden uns derzeit in einer neuen Phase der Arbeitsgestaltung, nämlich der Agilität: Den Arbeitern wird gesagt, sie verfügten über Entscheidungsfreiheit, sie könnten und sollten die volle Kontrolle über ihre Arbeit, ihr Leben und ihr Wohlbefinden übernehmen. Gleichzeitig wird von ihnen erwartet, dass sie sich in Teamarbeits-Kontexten selbst verwalten und tracken, während sie immer engmaschiger und intimer überwacht, gemessen und quantifiziert werden – immer mit dem gleichen Ziel: konkrete in abstrakte Arbeit umzuwandeln.

Das Buch von Timo Daum liefert eine Kritik agiler Methoden und stellt sie in einen historischen Kontext. Sie sind Teil der Geschichte des Managements, sowohl hinsichtlich der Beherrschung der Arbeitskraft als auch der Steigerung ihrer Produktivität. Es beschreibt den Siegeszug des agilen Managements als gelungenen Versuch des Digitalen Kapitalismus, ein neues Reproduktionsmodell zu installieren, in dem die Ausbeutung kognitiver Arbeit zum Kernstück der Wertschöpfung wird, mit einem neuen Subjektivitätsmodell, das auf dem immer beweglichen, achtsamen und belastbaren agilen Selbst beruht.

Das Buch gibt einen Einblick in die hochgradig kollaborative Produktion in den agilen Software-Schmieden unserer Tage und untersucht ihre Vorläufermodelle von der Arbeitsteilung über den Taylorismus bis hin zur Lean Production. Es kommt zu dem Schluss, dass die agile Revolution zu einer Art digitalem Taylorismus für den *general intellect* geführt hat. In einem globalen, digital vernetzten Sweatshop arbeitet die Klasse kognitiver Arbeiterinnen als Gesamtarbeiter in der »Kognifaktur«, die Daum in Anlehnung an Marx als »große Industrie des digitalen Kapitals« bezeichnet. Die Verfügbarkeit von Humankapital wird durch das kybernetische Management so auf eine neue Stufe gehoben: den agilen Kapitalismus.

PHOEBE MOORE, Associate Professor in Political Economy & Technology an der University of Leicester, School of Business, Management and Organization division. Übersetzung: Oliver Hörl.

1 https://agilemethodology.org/agile-methodology-what-is-it. 28.2.2020.
2 https://www.sabine-pfeiffer.de/vortraege